Wilfried Possin
Alles im Kopf

Wilfried Possin

Alles im Kopf

Mit Merktechniken zum Supergedächtnis

mvg Verlag

Die Deutsche Bibliothek – CIP-Einheitsaufnahme

Possin, Wilfried:
Alles im Kopf : Mit Merktechniken zum Supergedächtnis / Wilfried Possin /
Landsberg – München : mvgVerl., 2002
(Train your Brain)
ISBN 3-478-73350-2

Umschlaggestaltung: Vierthaler & Braun, München
Satz: kaltnermedia GmbH, 86399 Bobingen
Druck: Himmer, Augsburg
Bindung: Thomas, Augsburg
Printed in Germany 73350/070202
ISBN 3-478-73350-2

Inhalt

1
Vorwort

Zu diesem Buch

Dieses Buch richtet sich an alle Interessenten, die wissen wollen, welche Möglichkeiten es gibt, Informationen besser zu verstehen und zu behalten. Es ist für Lernende und alle Personen, die viele Informationen verarbeiten müssen und hin und wieder mit kleinen und größeren Gedächtnisproblemen zu tun haben, als Hilfe gedacht.

Ein großer Teil der hier beschriebenen Inhalte und Übungen haben sich aus den von mir durchgeführten Seminaren über Gedächtnis- und Lerntechniken entwickelt. Der Erfahrungsaustausch der Seminarteilnehmer untereinander und die immer währende Suche nach wirkungsvollen Problemlösungen zeigten mir, welche Informationen für die Seminarteilnehmer wichtig sind. Es waren weniger die Erklärungen über die genaue Funktionsweise unseres Gehirns als vielmehr die Hinweise darauf, was man konkret tun kann, um zu einer besseren Gedächtnisleistung und zu einer verbesserten Lernfähigkeit zu kommen. Angelehnt an das Seminar habe ich deshalb in diesem Buch auf theoretische Erklärungen zu Gunsten der Praxisanwendung weitgehend verzichtet. Die in diesem Buch beschriebenen Inhalte und Übungen sind so ausgerichtet, dass sie einen direkten privaten oder beruflichen Nutzen für die Praxis bieten.

Ein wesentlicher Bestandteil dieses Buches ist die Vermittlung der Mnemotechnik (Gedächtniskunst), deren Anwendung die Merkfähigkeit erheblich verbessert. Durch Einsatz dieser Technik ist es Ihnen in Zukunft möglich, außergewöhnliche Gedächtnisleistungen zu vollbringen. Den größten Nutzen aus diesem Buch ziehen Sie, wenn Sie die Beispiele und die vorgeschlagenen Übungen aktiv nachvollziehen, denn dadurch sammeln Sie wichtige und notwendige Erfahrungen über die Anwendung und Wirksamkeit der einzelnen Gedächtnis- und Lerntechniken. Ich wünsche Ihnen viel Spaß auf dem Weg zum Supergedächtnis!

Erster Kontakt mit Gedächtnistechniken

Wenn man als Kind zum ersten Mal mit der Schule in Berührung kommt, dann erkennt man schnell: Hier wird ein gut funktionierendes Gedächtnis benötigt! Der Lehrer fragt irgendetwas, und als Schüler muss man darauf die richtige Antwort geben. Das ist natürlich nur möglich, wenn sich der Lernstoff dem Gedächtnis auch eingeprägt hat.

Da ich ein ganz normaler Schüler war, dem man vor dem Lernen nicht beigebracht hat, wie man eigentlich lernt und die Lerninhalte gut im Gedächtnis verankern kann, konnte ich auf viele Fragen des Lehrers nicht oder nicht richtig antworten. Oft wurde mir das Gefühl vermittelt, dass mit mir etwas nicht in Ordnung ist, denn ich musste manchmal in einer Ecke des Klassenzimmers stehen, um darauf zu warten, dass mir wieder einfällt, was mir der Lehrer vermittelt haben sollte. Diese von ihm erfundene „Erinnerungstechnik" hat übrigens nie funktioniert. Die unangenehme Situation, in einer Ecke zu stehen und die Wand anzuschauen, führte bei mir und auch bei anderen Schülern eher zu einer Denkblockade. Zur damaligen Zeit hat mir und vielen meiner Mitschüler das Lernen nicht wirklich Freude gemacht.

Leider bin ich erst nach der Schulzeit mit wirksamen Gedächtnistechniken in Berührung gekommen. Bei einer Veranstaltung demonstrierte ein Gedächtniskünstler seine Fähigkeiten. Er ließ sich zwanzig Gegenstände aus dem Publikum zurufen, die auf einer Tafel zur Kontrolle aufgeschrieben wurden. Er verband sich die Augen und nannte nun alle Gegenstände in der richtigen Reihenfolge. Applaus! Danach ließ er sich die Zahlen von eins bis zwanzig durcheinander zurufen. Blitzschnell sagte er, welcher Gegenstand an dieser Stelle auf der Tafel stand. Super! Das wollte ich auch können! Ich erfuhr über einen Fernkurs, den ich 1965 in die Hände bekam, wie diese Gedächtnisdemonstration funktioniert.

Das Geheimnis des Gedächtniskünstlers hat einen Namen: Mnemotechnik. Laut Überlieferung ist die Mnemotechnik ca. 2000 Jahre alt und griechischen Ursprungs. Eine Muse von Zeus war die Göttin des Gedächtnisses und trug den Namen Mnemosine. Vom Namen dieser Göttin leitet sich das Wort Mnemonik ab, womit die Gesamtheit aller Memoriertechniken bezeichnet wird. Die Mnemotechnik beruht darauf, Informationen bildhaft miteinander zu verknüpfen, wobei Einprägen und Erinnern gleichermaßen unterstützt werden. Ich konnte diese Technik relativ leicht erlernen, und schon nach kurzer Zeit war es mir möglich, meine Freunde mit Gedächtniskunststücken zu verblüffen. Eine direkte Anwendung für die Praxis konnte ich aber zur damaligen Zeit noch nicht erkennen.

Entwicklung eines Seminars

Als freiberuflich tätiger Seminarleiter für Seminare im Bereich Verkaufstraining und Rhetorik bekam ich 1974 von einem großen Wirtschaftskonzern den Auftrag, ein Seminar zum Thema Gedächtnis zu entwickeln, denn es hatte sich herumgesprochen, dass ich meine Seminarteilnehmer in den Seminarpausen hin und wieder mit einem Gedächtniskunststück verblüffte. Sehr gerne nahm ich diesen Auftrag an und überlegte mir die Inhalte und Übungen für ein Zweitagesseminar und führte das Seminar dann unter dem Titel „Gedächtnis- und Konzentrationstraining" durch.

Da die Seminarteilnehmer ihre Merkfähigkeit in diesen zwei Tagen messbar durchschnittlich verdoppelten, löste das entsprechende Begeisterung aus, sodass der Besuch des Seminars ständig weiterempfohlen wurde. Auch heute, nach über 25 Jahren, findet sich das Seminarangebot immer noch im Weiterbildungsprogramm meines ersten Auftraggebers. Die Inhalte und Übungen haben sich mit der Zeit den veränderten Anforderungen der Seminarteilnehmer angepasst. Es gelang mir, Methoden zu entwickeln, die Mnemotechnik stärker für die Lösung von Praxisproblemen einzusetzen. Außerdem stellte es sich als vorteilhaft heraus, in diesem Seminar auch Lerntechniken zu vermitteln, denn die beruflichen Anforderungen an ein ständiges „Weiterlernen" waren in den Jahren gewachsen. Die Kombination zwischen Gedächtnis- und Lerntechniken hat sich in der Seminarpraxis sehr gut bewährt, sodass ich beide Themen in diesem Buch miteinander verbunden habe.

Infoshow, Bühnenshow, Fernsehsendungen

Vor einigen Jahren bekam ich den Auftrag, bei einer großen Außendiensttagung einen Vortrag über Gedächtnistechniken zu halten. Zusätzlich wurde von mir erwartet, dass ich demonstriere, wie gut sich Informationen mit der Mnemotechnik behalten lassen. Daraus ergab sich dann eine Verbindung zwischen Information und Show. Titel dieser Show war: „Der Knoten im Taschentuch! Gedächtnistricks für den privaten und beruflichen Alltag."

Inzwischen wird diese Infoshow gerne bei Tagungen, Kongressen und anderen größeren Veranstaltungen eingesetzt. Ich beginne die Show mit einem Gedächtniskunststück und mache dabei die Erfahrung, dass die Motivation der Zuhörer durch diese Demonstration der Gedächtnisleistung steigt. Jeder möchte nun gerne wissen, wie das funktioniert. Im Verlauf der Infoshow können dann die Zuhörer mit ihrem eigenen Gedächtnis nachvollziehen, wie sich Informationen über mnemotechnische Verbindungen wirksam abspeichern lassen. Mit einer abschließenden Demonstration einer Konzentrations- und Rechenleistung unter erschwerten Bedingungen zeige ich weitere Möglichkeiten auf, unsere mentalen Fähigkeiten besser zu nutzen.

Der Weg zur Entwicklung einer Bühnenshow zum Thema Gedächtnis- und Rechenkunst, eher geeignet für das Varietee, war nahe liegend, zumal ich als Amateurzauberkünstler dazu einen gewissen Zugang hatte. Mein Einsatz als Gedächtniskünstler auf der Bühne führte zu Anfragen von Produktionsfirmen für Fernsehsendungen. Innerhalb der dann ausgestrahlten Sendungen demonstriere ich, welche Gedächtnisleistungen mit mnemotechnischen Methoden erreicht werden können, und hoffe bei diesen Einsätzen immer, dass vor allem Lehrer und Schüler angeregt werden, sich mit Gedächtnis- und Lerntechniken intensiverer zu beschäftigen.

Ich lade Sie dazu ein, dieses Buch wie ein persönliches Seminar zu erleben. Die vorgeschlagenen Beispiele und Übungen werden auch Ihnen helfen, ein Supergedächtnis zu entwickeln.

Verwenden Sie Ihr Können in Studium und Beruf oder verblüffen Sie Freunde und Bekannte mit Ihrem Können – Sie werden sehen, der Arbeitsaufwand lohnt sich!

2
Wie wir uns erinnern

Assoziationsreize

In unserem Gedächtnis sind riesige Mengen von Informationen eingeprägt, aber wir können diese nicht auf Anforderung abrufen. Die Informationen sind irgendwo abgelegt, aber wir wissen nicht wo, uns fehlt der Wegweiser zur gesuchten Information. Meine Seminarteilnehmer machen diese Erfahrung zu Beginn des Seminars bei einem Eingangstest. Ich nenne im Abstand von zehn Sekunden zwanzig unzusammenhängende Informationen aus dem Arbeitsleben und bitte die Seminarteilnehmer danach, so viele Informationen aufzuschreiben wie möglich. Weniger als die Hälfte der Informationen können durchschnittlich abgerufen werden.

Woran liegt das? Meistens vermuten die Seminarteilnehmer, dass sie sich die Informationen nicht behaltenswirksam genug eingeprägt haben. Ein Irrtum! Wie sich später immer wieder herausstellt, wurden bei diesem Eingangstest fast alle Informationen behalten. Die Schwierigkeit besteht darin, sich an die eingeprägten Informationen zu erinnern! Den Seminarteilnehmern fehlen die Wegweiser zur Information.

Wegweiser sind Assoziationsreize, wie beispielsweise Teilinformationen, die im Zusammenhang mit der Gesamtinformation stehen. Selbst eine Information mit mehreren

Details wie „Zimmerbestellung im Hotel König in Düsseldorf für Montag“ wird von den Seminarteilnehmern bei entsprechender Aufmerksamkeit vollständig eingeprägt. Wenn ich einen einzelnen Assoziationsreiz wie „König“ oder „Düsseldorf“ nenne, können sich auch die Seminarteilnehmer an die komplette Information erinnern, die vorher dazu nicht in der Lage waren.

Zur weiteren Verdeutlichung, dass die Erinnerung mit Assoziationsreizen besser und schneller funktioniert, führe ich einen kleinen Wettbewerb im Seminar durch. Die Aufgabe lautet, so schnell wie möglich die neun Planeten unseres Sonnensystems aufzuschreiben. Dabei bekommt ein Teil der Seminarteilnehmer eine Hilfe in Form eines Blattes, auf denen die Anfangsbuchstaben der neun Planeten stehen: M – V – E – M – J – S – U – N – P. Diese Anfangsbuchstaben reichen als Assoziationshilfe aus, um die neun Planeten schneller aus dem Gedächtnis abrufen zu können als bei den Seminarteilnehmern, die das ohne Hilfe durchführen. Die richtige Lösung ist: Merkur – Venus – Erde – Mars – Jupiter – Saturn – Uranus – Neptun – Pluto. Ein Seminarteilnehmer kannte dazu eine Merkhilfe. Er hatte jeweils die Anfangsbuchstaben der Planeten benutzt, um Worte zu bilden, die als Ganzes einen sinnvollen Satz ergeben: **M**ein **V**ater **e**rklärt **mir** **j**eden **S**onntag **u**nsere **n**eun **P**laneten. Eine wirklich gut funktionierende Eselsbrücke.

Wenn in einer fröhlichen Runde Witze erzählt werden, dann stellt ein Witz oft den Wegweiser, den Assoziationsreiz, für den nächsten Witz dar. Dinge, die in dem einen Witz vorkommen, erinnern an einen anderen Witz, in dem diese Elemente auch zu finden sind. Ein Gefühl, ein Geruch, eine Melodie, ein bestimmter Geschmack oder ein Bild kann ein ausreichender Assoziationsreiz sein, sich an etwas zu erinnern, das schon weit zurückliegt, dem Gedächtnis aber immer noch eingeprägt ist. Auch bei den im Fernsehen laufenden Quiz-Sendungen lässt sich sehr gut erfahren, wie viele Informationen dem Gedächtnis noch eingeprägt sind. Man benötigt für den Abruf nur die richtigen Assoziationsreize, die in Form von verschiedenen Antwortmöglichkeiten vorgegeben werden. Die Antwort ist eine Teilinformation, die mit der Gesamtinformation assoziiert, im Gedächtnis abgelegt ist und uns dadurch beim Erinnern unterstützt.

Was nutzt uns das Wissen über Assoziationsreize? In den Seminaren frage ich danach, was die Seminarteilnehmer beim Vergleichstest, bei dem ich wieder zwanzig unzusammenhängende Informationen nenne, anders machen würden als beim Eingangstest. Manche Seminarteilnehmer kommen auf die richtige Idee: Schon beim Einprägen dafür zu sorgen, die neue Information gedanklich mit etwas zu verbinden, an das man sich anschließend hundertprozentig erinnern kann. Wenn Sie beispielsweise die Information hören – nicht vergessen, das Paket von der Post abzuholen – und in diesem Moment auf die Heizung schauen, die sich in Ihrem Blickfeld befindet, dann ist das die beste Voraussetzung, um jetzt die Mnemotechnik anzuwenden. Stellen Sie sich einfach vor, auf der Heizung liegt ein Paket. Die Heizung ist der Assoziationsreiz, der Ihnen später wieder ins Auge fällt, und es besteht eine sehr große Wahrscheinlichkeit, dass Sie dann das geistige Bild des Pakets sehen, das auf der Heizung liegt, und Ihnen einfällt, was Sie tun wollten. Die Mnemotechnik bietet hier vielfältige Methoden für die Verknüpfung von neuen Informationen mit Assoziationsreizen, die Ihnen später beim Erinnern helfen.

Situationsauslöser

Viele Menschen planen im Voraus, was sie in einer bestimmten Situation tun wollen, beispielsweise in welcher Reihenfolge Einkäufe durchgeführt werden sollen, wie sich der Tagesablauf gestaltet, was man einer Person unbedingt mitteilen möchte oder andere Vorstellungen von einer Situation, die erst in der Zukunft eintritt. Dabei handelt es sich um eine Art mentaler Vorprogrammierung, bei der die Vorstellung von der zukünftigen Situation mit der dann benötigten Information oder Handlung bewusst oder unbewusst verknüpft wird. Damit erhöht sich die Wahrscheinlichkeit, dass Sie sich in der entsprechenden Situation an die gewünschte Information oder den Handlungsablauf erinnern.

Wenn allerdings diese mentale Vorprogrammierung fehlt oder die Auslösesituation nicht wahrgenommen wird, dann kann es leicht passieren, dass beispielsweise vergessen wird, etwas Bestimmtes zu tun. Bei Regenwetter habe ich oft erlebt, dass einige Seminarteilnehmer ihre mitgebrachten Schirme im Seminarraum vergessen haben. Manchmal kamen sie kurz danach zurück, weil es ihnen wieder einfiel, als sie am Gebäudeausgang die nasse Straße sahen (Situationsauslöser). Manchmal stand der Schirm am nächsten Seminartag noch da, weil es inzwischen nicht mehr regnete und deshalb der Auslöserreiz, sich an den Schirm zu erinnern, fehlte.

Ein Seminarteilnehmer berichtete, wie er sich erfolgreich an die sofortige Mitnahme des Schirms erinnert hat. Als er den Regenschirm im Seminarraum abstellte, kam ihm die Idee, sich vorzustellen, wie er am Ende des Seminars versucht, mit einem aufgespannten Schirm durch die Tür zu gehen und dabei mit dem Schirm hängen bleibt. Hier wurde die Situation des Verlassens des Raums mit einer etwas verrückten Vorstellung kombiniert. Da diese Assoziation etwas

Besonderes war und sich vom Normalen unterscheidet, kam ihm beim Versuch, durch die Tür zu gehen, diese Vorstellung wieder in den Sinn.

Folgende Vorgehensweise für die Benutzung von Situationsauslösern hat sich in der Praxis bewährt:

Situationsauslöser in der Praxis

- Fragen Sie sich als Erstes, an was Sie sich erinnern wollen und welche Situation Sie, kurz bevor Sie sich erinnern wollen, wahrscheinlich wahrnehmen.
  Beispiel: Nicht vergessen, Herrn Schmidt mitzuteilen, dass ich noch die Disketten benötige. Herrn Schmidt sehe ich beim Mittagessen.
- Versuchen Sie in dieser vorgestellten Situation irgendetwas zu finden, das für Sie einen gegenständlichen Auslösereiz darstellen könnte.
  Beispiel: Ich schaue beim Mittagessen auf den Teller von Herrn Schmidt. Der Teller wird somit der konkrete Auslöser für die Gesamtsituation.
- Dann verknüpfen Sie bildhaft Ihren Auslösereiz mit dem, an das Sie sich erinnern möchten. Als Verstärkung können Sie noch einen absurden, lustigen oder außergewöhnlichen Gedanken in die bildhafte Verknüpfung mit einbauen.
  Beispiel: Auf dem Teller von Herrn Schmidt liegt die Diskette, die er mit Messer und Gabel bearbeitet.
- Stellen Sie sich abschließend innerlich die auf Sie zukommende Situation vor. Sehen Sie den Auslösereiz und Ihre Verknüpfung und wie Sie sich erfolgreich an Ihre eigentliche Information erinnern.
  Beispiel: Ich esse mit Herrn Schmidt, schaue auf seinen Teller und sehe dort eine Diskette liegen, die mich daran erinnert, Herrn Schmidt mitzuteilen, dass ich noch die Disketten benötige.

In vielen Fällen spielt der Zeitpunkt des Erinnerns eine wichtige Rolle. Ideal wäre es, automatisch von unserem Unterbewusstsein her zum richtigen Zeitpunkt den Impuls zu bekommen, uns an das zu erinnern, was wir festgelegt haben. Wenn wir aber gerade zu diesem Zeitpunkt geistig mit etwas anderem beschäftigt sind, dann kommt der Impuls möglicherweise nicht in unser Bewusstsein, und wir erinnern uns später nur noch daran, dass wir vergessen haben, an etwas Bestimmtes zu denken.

Einige Seminarteilnehmer haben das Problem dadurch gelöst, dass sie sich von ihrem Handy zum festgelegten Zeitpunkt mit einem Klingelton und dem zusätzlich angezeigten Stichwort an etwas erinnern lassen. Die Verbesserung würde darin bestehen, unsere „innere Uhr" zum richtigen Zeitpunkt klingeln zu lassen, um dann zu wissen, was man tun wollte. Einige Seminarteilnehmer haben erfolgreich damit experimentiert, die Uhrzeit, zu der sie erinnert werden möchten, vor dem geistigen Auge mit der entsprechenden Zeigerstellung zu sehen. Das Unterbewusstsein bekommt damit sozusagen den Auftrag, einen Erinnerungsimpuls zum richtigen Zeitpunkt ins Bewusstsein zu schicken.

Erinnerungsstichwörter

Die wohl am häufigsten eingesetzte Technik, schon vorher etwas dafür zu tun, um sich später wieder erinnern zu können, ist es, Stichwörter aufzuschreiben. Das Stichwort soll als Assoziationsreiz dienen und hat den Zweck, die Erinnerung an die Gesamtinformation zu ermöglichen. Ich bezeichne diese Stichwörter als Erinnerungsstichwörter.

Meistens werden diese Stichwörter auf Zetteln notiert. Schaut man später auf den Zettel und liest das Stichwort, dann fällt einem wieder ein, was man erledigen wollte. Nachdem die Handlung ausgeführt wurde, wird der Zettel weggeworfen, oder die Stichwörter werden durchgestrichen. Es spricht nichts dagegen, alle unerledigten Dinge mit einem Erinnerungsstichwort zu notieren, denn die Angst, etwas zu vergessen, verschwindet, und der Kopf ist frei für wichtigere Merkprozesse. Die beiden wichtigsten Fragen, die beim Umgang mit Stichwörtern zu klären sind, lauten:

- Welches Erinnerungsstichwort kann mir helfen, mich an die Gesamtinformation zu erinnern?
- Welche Hilfsmittel benutze ich, um dieses Erinnerungsstichwort rechtzeitig zur Verfügung zu haben?

Welches Erinnerungsstichwort würden Sie sich notieren, wenn Sie sich beispielsweise daran erinnern möchten, die Firma Schneider anzurufen, um dort Papier für den Laserdrucker zu bestellen? Das Stichwort „Anruf" wäre am schlechtesten geeignet, denn es kann leicht passieren, dass Sie sich nur noch daran erinnern können, irgendwo anzurufen, aber Sie wissen nicht mehr, wo und warum. Die Stichwörter „Papier" oder „Laserdrucker" wären die bessere Auswahl, um sich an die Gesamtinformation erinnern zu können. Sollten Sie den Namen der Firma zum ersten Mal hören, dann besteht die Gefahr, dass diese Information später nicht abgerufen werden kann. Sie wissen, was Sie bestellen wollen, aber nicht mehr bei welcher Firma. In diesem Fall müssten Sie als zweites Stichwort „Schneider“ notieren.

Da bestimmte Handlungen sehr oft zu einem bestimmten Zeitpunkt oder bis zu einem bestimmten Zeitpunkt erledigt sein müssen, wäre es zweckmäßig, die einzelnen Zettel nach der Reihenfolge ihrer Erledigung zu sortieren. Welche arbeitsmethodischen Hilfen bieten sich noch an? Wenn man weiß, wann man etwas erledigen möchte, dann kann der Eintrag in einen Terminkalender erfolgen. Für alle Handlungen, die am gleichen Tag erledigt werden sollen, bietet sich der Eintrag in einen Tagesplan an. Alle Stichwörter zu Handlungen, die man noch ausführen möchte, ohne zu wissen, wann oder bis wann das erledigt werden soll, können in einer Aktivitätenliste eingetragen oder auf Zetteln notiert werden. Von diesen Zetteln oder aus der Aktivitätenliste wird dann zum geeigneten Zeitpunkt der Terminkalender oder Tagesplan gefüllt.

Folgende Vorgehensweise im Umgang mit diesen arbeitsmethodischen Hilfen hat sich bewährt:

Arbeitsmethodische Hilfen

- Der Plan für den nächsten Tag wird am Ende des Tages erstellt. Der Arbeitstag wird damit abgeschlossen, und die Gedanken darüber, was man morgen noch alles tun muss, verschwinden weitgehendst aus dem Kopf.
- Als Erstes werden die Termine aus dem Terminkalender in den Tagesplan eingetragen. Muss der Handlungsablauf an diesem Tag zu einem bestimmten Zeitpunkt erledigt werden, dann wird zuerst die Uhrzeit notiert und dahinter das Stichwort für den Handlungsablauf.

- Alle nicht erledigten Handlungsabläufe aus dem Tagesplan vom Vortag werden auf den neuen Tagesplan übertragen, sofern man die Handlungsabläufe auch an diesem Tag ausführen möchte. Handlungsabläufe aus dem Tagesplan vom Vortag, die nicht auf den nächsten Tag übertragen werden können, werden mit einem neuen Termin in den Terminkalender oder ohne Termin in die Aktivitätenliste zurückübertragen.
- Stichwörter aus Zetteln oder aus der Aktivitätenliste werden angeschaut, um zu prüfen, welche Handlungsabläufe den Tagesplan sinnvoll ergänzen können, und werden dann mit dem entsprechenden Stichwort im Tagesplan notiert.

Alle Seminarteilnehmer, die ihre Aktivitäten, also alles, was man noch vorhat zu tun oder zu erledigen, mit einem Stichwort notieren, waren der Meinung, dass sie so konzentrierter arbeiten können. Das entspricht auch meiner eigenen Erfahrung. Es ist möglich, alle Stichwörter auch ohne Aufschreiben durch Anwendung der Mnemotechnik zu speichern, aber es ist nicht unbedingt notwendig. Ich arbeite gerne mit Terminkalender, Tagesplan und Aktivitätenliste und habe für mich auch die Erfahrung gemacht, dass dieses sehr einfache System der Arbeitsmethodik außerordentlich hilfreich ist, um konzentrierter zu arbeiten und sich mühelos zum richtigen Zeitpunkt an etwas zu erinnern. Das Durchstreichen eines Stichworts nach Beendigung des Handlungsablaufs stellt jedes Mal ein nicht zu unterschätzendes Erfolgserlebnis dar, wieder etwas „geschafft“ zu haben.

Denk- und Erinnerungsblockaden

Selbst wenn genügend Assoziationsreize zur Verfügung stehen, kann es sein, dass Informationen nicht abgerufen werden können. In vielen Fällen ist die Ursache dafür eine innere Anspannung, ausgelöst durch Stress oder Ängste, wie beispielsweise Prüfungsangst. Man weiß die Antwort auf eine Prüfungsfrage, aber sie lässt sich zur Zeit nicht abrufen. Man hat mit einer Erinnerungsblockade zu kämpfen. Meistens ist der Zugang zur Antwort wieder möglich, wenn sich die Situation entspannt hat. Selbst bei nicht spürbarer Anspannung kann es passieren, dass man sich an eine Information nicht erinnern kann, die man bisher über Jahre stets präsent hatte. Plötzlich tritt eine Erinnerungsblockade ein, und man zweifelt an seinen Gedächtnisfähigkeiten.

Es kann durchaus sein, dass eine sehr hohe Erwartung an die eigene Gedächtnisfähigkeit auch eine genauso hohe Anspannung, verbunden mit einer Blockade, auslöst. Wenn uns beispielsweise jemand mit Namen anspricht und der Situation sofort mit der Einstellung begegnet wird, den anderen jetzt auch mit seinem Namen ansprechen zu müssen, weil man es sonst als peinlich empfindet, dann steigt der Stresspegel mit sehr hoher Wahrscheinlichkeit, und die Anspannung wird so hoch, dass diese bei vielen Menschen zu einer Erinnerungsblockade führt. Der Name ist einfach nicht abrufbar. Der zusätzliche Ärger darüber verstärkt die Anspannung. Nichts geht mehr!

Auch bei Rednern kann auftretendes Lampenfieber dazu führen, dass die Anspannung steigt und sie nicht mehr wissen, was sie als Nächstes sagen wollten. Der Vortragende verliert den roten Faden (sofern er einen gehabt hat) oder ist so blockiert, dass er gar nichts mehr sagen kann. Erst wenn sich die Situation wieder entspannt hat, funktioniert das Gedächtnis so, wie es sein sollte.

Was kann man tun, um Erinnerungsblockaden aufzulösen? Welche Methoden haben die meisten Seminarteilnehmer, um das Problem zu lösen? Der Erfahrungsaustausch ergab folgende Empfehlungen:

Erinnerungsblockaden auflösen

- Es ist oft ratsam, sich bereitwillig damit abzufinden, dass eine Information im Moment nicht erinnerbar ist, und sich klar zu machen, dass die Welt deswegen nicht untergeht. Dadurch entspannt sich die Situation, was dazu führt, dass sich auch die Wahrscheinlichkeit erhöht, die gewünschte Information doch noch abrufen zu können.
- Oft hilft es, Zeit zu gewinnen und sich erst einmal mit etwas anderem zu beschäftigen. Das löst die Anspannung. Glauben Sie einfach daran, dass die eingeprägte Information ein wenig später doch noch abrufbar ist, was dann häufig auch der Fall ist.
- Wenn man nach einem Wort oder Namen sucht, gehen Sie innerlich die Buchstaben des Alphabets durch und benutzen Sie die jeweiligen Buchstaben des Alphabets als Anfangsbuchstaben für Wortbildungen. Manchmal kommt man über diesen Weg dann an das gesuchte Wort oder an den gesuchten Namen.
- Wenn man nach dem Namen einer Person sucht, denken Sie innerlich an Orte oder Situationen, wo Sie diese Person möglicherweise kennen gelernt haben könnten. Mit der Situation ist unbewusst der Name verknüpft, der einem dann oft auch wieder einfällt.
- Gehen Sie geistig in die Situation und zu dem Zeitpunkt zurück, in der Sie die gesuchte Information noch zur Verfügung hatten. Die Örtlichkeit oder der Raum dienen damit als Assoziationsreize und führen möglicherweise wieder zur gesuchten Information.

- Überlegen Sie sich vorher, was Sie sagen oder wie Sie handeln können, wenn sich eine Denk- oder Erinnerungsblockade einstellen sollte. Durch diese Vorbereitung wird eine größere Sicherheit aufgebaut, die dazu führt, dass der Stresspegel niedrig gehalten wird. Die Gefahr einer totalen Blockade ist dadurch viel geringer.
- Was auch hilft ist ein ehrliches Zugeben, dass zur Zeit ein Abruf der Information nicht möglich ist, verbunden mit einer sympathischen Begründung. Dies hilft die Situation zu entspannen, was die Chance erhöht, dass die Information doch noch, wenn auch verzögert, erinnerbar ist.
- Bei Blockaden in Gesprächen oder Vorträgen können Sie den Gesprächspartner oder die Zuhörer bitten, Ihnen mitzuteilen, was Sie gerade gesagt haben. Dadurch erhält man meistens das richtige Stichwort als Assoziationshilfe und weiß dann, was man eigentlich sagen wollte.
- Versuchen Sie, den „roten Faden“ in Gesprächen oder Vorträgen durch eine kurze Zusammenfassung wiederzufinden. Die Zusammenfassung bringt Zeit zur Entspannung und in den meisten Fällen auch die richtigen Assoziationen, um zu wissen, was man im Gespräch oder Vortrag vorhatte, als Nächstes zu sagen.

Das sind die häufigsten in der Praxis eingesetzten Verhaltensweisen der Seminarteilnehmer, um mit Denk- und Erinnerungsblockaden umzugehen. Diese Empfehlungen decken sich mit meinen eigenen Erfahrungen. Zeit gewinnen, sich entspannen oder sich auf etwas anderes zu konzentrieren, vorbereitete Auswege zur Verfügung haben, wenn sich eine Blockade einstellt, und für Assoziationsreize sorgen, das sind wohl die richtigen Strategien, mit Denk- und Erinnerungsblockaden besser fertig zu werden.

Gewohnheiten

Sinnvolle Gewohnheiten können unsere Gedächtnisarbeit entlasten. Vor dem Verlassen der Wohnung grundsätzlich zu prüfen, ob beispielsweise die Fenster geschlossen sind oder die Kaffeemaschine ausgeschaltet ist, erspart uns den späteren krampfhaften Versuch, uns erinnern zu wollen, ob man etwas getan oder nicht getan hat. Wer sich mit den Gedanken beim Abschließen der Wohnung schon geistig an einem anderen Ort befindet, kann sich schlecht daran erinnern, ob er die Haustür abgeschlossen hat oder nicht.

Der Briefkasten als Assoziationsreiz, einen Brief einzuwerfen, kann seine Funktion als Auslöser nicht erfüllen, wenn der Brief noch in der Wohnung liegt. Die Angewohnheit, alle Dinge vor die Tür zu legen, die man aus der Wohnung mitnehmen möchte, kann hier genauso eine gute Angewohnheit sein, wie einen Platz in der Wohnung festzulegen, an dem alle Dinge, die man in den Taschen hat, entladen werden. Das hat zur Folge, sich nicht mühsam erinnern zu müssen, in welchen Taschen und an welchen Orten man welche Gegenstände aufbewahrt. Gute Gewohnheiten und gute Organisation helfen dabei, unser Gedächtnis nicht unnötig zu belasten, was wiederum einen positiven Einfluss auf die Konzentrationsfähigkeit hat.

3

Mnemotechnik (Gedächtniskunst)

Gedächtniskünstler und Rekorde

In den Fernsehsendungen „Wetten dass?“ oder „Guinness – die Show der Rekorde“ konnte man immer wieder sehen, wie die Kandidaten das Publikum mit außergewöhnlichen Gedächtnisleistungen beeindruckten. Bei einigen Köpfchenrekorden für die Guinness-Show wurde ich als Berater hinzugezogen. Man wollte von mir wissen, wie viele der vorgegebenen Informationen sich die Kandidaten in der dafür vorgesehenen Zeit wahrscheinlich einprägen können. Ich fand es interessant, für die jeweiligen Aufgaben ein System für das Einprägen und Erinnern zu entwickeln und auszuprobieren, wie viele der Informationen ich selbst behalten konnte.

Bei einer Guinness-Show sollte ich mitwirken, und man bat mich, als Herausforderer zu versuchen, den aktuellen Weltrekord einer Gedächtnisleistung zu brechen. Die Aufgabenstellung war, sich möglichst viele Ampelschaltungen (Rot oder Gelb oder Grün oder Rot und Gelb) in einer Minute in der richtigen Reihenfolge zu merken. Insgesamt standen bei der Sendung 40 Ampeln in einer Reihe, denn es sollte gewährleistet sein, dass kein Kandidat in der Lage ist, alle Ampeln zu memorieren. Per Zufall wurden die Ampeln geschaltet, und es gelang mir, mit der Wiedergabe von 29 Ampelschaltungen in der richtigen Reihenfolge einen neuen Weltrekord aufzustellen. Dafür bekam ich einen Eintrag in das Guinness-Buch der Rekorde.

Viele Zuschauer denken bei solchen Vorführungen und Rekorden, dass der Kandidat fast übernatürliche Fähigkeiten haben muss, was so natürlich nicht stimmt. Von den Kandidaten der Guinness-Show und den Teilnehmern an den Gedächtnismeisterschaften weiß ich, dass diese genau wie ich über ein ganz normales Gedächtnis verfügen, das mnemotechnisch gut geschult ist. Beim Lernen, Speichern und Erinnern von Informationen wird das Gedächtnis durch die Mnemotechnik hilfreich unterstützt, wobei die Kandidaten und Teilnehmer in der Schnelligkeit des Einprägens und in der Sicherheit des Abrufens von Informationen gut trainiert sind. Zusätzlich muss man bei öffentlichen Auftritten in der Lage sein, das Lampenfieber zu beherrschen, da eine zu starke Anspannung zu Denk- und Erinnerungsblockaden führen kann.

Mnemotechnische Gedankenverbindungen

Was sind mnemotechnische Gedankenverbindungen? Hierbei handelt es sich um Assoziationen, die auf eine teilweise recht verrückte Art und Weise bildhaft aufgebaut werden. Eine neue Information wird immer mit einer bereits bekannten Information verknüpft. Die Idee, die dahinter steht, ist, dass man mit der Information, die man kennt, die neu angeknüpfte Information wieder in Erinnerung bringen kann.

Vielleicht kennen Sie das Spiel „Kofferpacken“. Jemand sagt: Ich packe in meinen Koffer ein Hemd, der Nächste wiederholt diesen Gegenstand und fügt einen weiteren dazu: Ich packe in meinen Koffer ein Hemd und dazu eine Zahnbürste, der Nächste sagt: Ich packe in meinen Koffer ein Hemd, eine Zahnbürste und dazu packe ich Badelatschen. Nun geht es immer so weiter, es wird wiederholt und dazugepackt, und wer nicht mehr in der Lage ist, richtig zu wiederholen, scheidet aus. Zum Schluss bleibt ein Gewinner übrig. Und das können in Zukunft Sie sein, wenn Sie „Kofferpacken“ im privaten Kreis spielen. Ein Seminarteilnehmer berichtete, dass er „Kofferpacken“ mit seiner Frau und seinen Kindern spielte und gewann, was, wie er meinte, seinen Stellenwert in der Familie erhöhte!

Normalerweise werden die Informationen bei diesem Spiel über die ständige Wiederholung behalten. Das geht bei einer begrenzten Anzahl von Gegenständen auch sehr gut. Irgendwann bricht aber das Wiederholungssystem bei denjenigen zusammen, die nur die Technik der Wiederholung anwenden. Wenn Sie mnemotechnisch assoziieren, brauchen Sie noch nicht einmal die Wiederholungstechnik, da sich alle Gegenstände sofort Ihrem Gedächtnis einprägen, wenn Sie eine Geschichte bilden, in der die Gegenstände in der genannten Reihenfolge vorkommen. Dabei müssen Sie die Geschichte wie einen Film vor dem geistigen Auge entstehen lassen. Der Titel der Geschichte ist die bildhafte Vorstellung von einem Koffer (für Kofferpacken). Der Koffer ist Ihr Auslöser, Ihr Assoziationsreiz, den Sie später wieder abrufen, um sich an den ersten zu behaltenden Gegenstand erinnern zu können. Dann assoziieren Sie damit den ersten Gegenstand, und mit dem ersten Gegenstand wird dann der zweite Gegenstand assoziiert, und mit dem zweiten Gegenstand der dritte Gegenstand, und so geht es weiter, bis die Geschichte zu Ende ist.

Wie würden Sie sich die folgenden Gegenstände in der hier angegebenen Reihenfolge ohne Wiederholung merken?

- Hemd
- Zahnbürste
- Badelatschen
- Jacke
- Sonnenöl
- Taucherbrille
- Heftpflaster
- Kartenspiel
- Handtuch
- Malheft

Die eigene selbst entwickelte Geschichte ist im Vergleich zu einer vorgegebenen Geschichte meistens behaltenswirksamer. Viele Seminarteilnehmer bevorzugen es aber beim ersten Kontakt mit der Mnemotechnik, von mir eine Geschichte zu hören, um sich an das mnemotechnische Verfahren zu gewöhnen. Hören ist in diesem Fall einfacher als Lesen! Deshalb ist es unbedingt notwendig, wenn Sie anschließend meine mnemotechnische Geschichte lesen, nach jeder beschriebenen Assoziation eine kleine Pause zu machen und die Assoziation einige Sekunden lang als bildhafte Vorstellung vor dem geistigen Auge zu sehen!

Probieren Sie es jetzt bitte aus:

- Sehen Sie vor Ihrem geistigen Auge einen *Koffer* (Auslöser).
- An dem Koffer hängt ein *Hemd*. Wenn Sie diese bildhafte Vorstellung für ca. zwei bis drei Sekunden deutlich vor Ihrem geistigen Auge gesehen haben, dann prägt sich die Information ohne Wiederholung für ca. zwei bis drei Tage Ihrem Gedächtnis ein.
- Weiter geht es mit der *Zahnbürste*. Schauen Sie innerlich auf das hängende Hemd und sehen Sie oben in der Hemdentasche eine Zahnbürste stecken.
- Mit dieser Zahnbürste putzen Sie die *Badelatschen*.
- Anschließend stecken Sie die Badelatschen in eine *Jacke*.
- Aus der Jacke holen Sie das *Sonnenöl*.
- Jetzt gießen Sie das Sonnenöl über eine *Taucherbrille*.
- An der Taucherbrille klebt ein *Heftpflaster*, das Sie abziehen.
- Sie kleben das Heftpflaster auf die *Spielkarten*.
- Die Spielkarten lassen Sie anschließend auf das *Handtuch* fallen.
- Unter dem Handtuch ziehen Sie ein *Malheft* hervor.

Wenn Sie nun den Koffer vor Ihrem geistigen Auge sehen, dann müssten Ihnen jetzt die neun Gegenstände in der richtigen Reihenfolge wieder einfallen. Sollte das nicht der Fall sein, dann vollziehen Sie das Beispiel nochmals nach, gehen Sie langsam voran und achten Sie darauf, dass Sie die beschriebene Geschichte wirklich innerlich vor dem geistigen Auge sehen.

Dieses Beispiel sollte Ihnen verdeutlichen, wie mnemotechnische Gedankenverbindungen aufgebaut werden, und es ist wichtig, diese Art des Assoziierens einige Male zu trainieren, um damit Erfahrungen zu sammeln.

Eine weitere, noch interessantere Variante ist, eine kleine Gedächtnisdemonstration vorzuführen, wofür Sie mindestens einen Zuschauer brauchen. Durch die Anwendung der

Mnemotechnik unter Vorführbedingungen bauen Sie die nötige Sicherheit für das Assoziieren auf und haben ein stärkeres Erfolgserlebnis. Dazu sollten Sie auch wissen, wie Sie die Gedächtnisdemonstration zuschauerfreundlich durchführen können:

Gedächtniskunst präsentieren

- Zur Einstimmung weisen Sie auf die Fernsehsendung „Am laufenden Band“ hin, die früher von Rudi Carell moderiert wurde, und erwähnen Sie, dass der Endkandidat vor einem Fließband saß und versuchte, sich alle Gegenstände zu merken, die auf dem Fließband an ihm vorbeizogen. Dabei ist besonders wichtig, dass Sie das Wort *Gegenstände* nennen, damit Sie später auch Gegenstände und keine Begriffe genannt bekommen, denn Begriffe sind schwerer zu merken. Geben Sie Ihrer Kontrollperson einen Zettel mit vorbereiteten 15 Punkten, die untereinander stehen, und einen Stift. Erwähnen Sie, dass Sie jetzt ein ähnliches Experiment wie das im Fernsehen starten wollen.
- Lassen Sie sich einen Gegenstand nennen und bitten Sie Ihre Kontrollperson, diesen Gegenstand hinter den ersten Punkt zu schreiben. Durch das Aufschreiben gewinnen Sie Zeit für den Aufbau Ihrer Gedankenverbindungen. Nehmen Sie als Startauslöser den Stift (wie den Koffer beim Spiel „Kofferpacken“). Als Erstes assoziieren Sie mit diesem Stift den ersten Gegenstand, der Ihnen genannt wurde. Dann lassen Sie sich den nächsten Gegenstand nennen und assoziieren diesen mit Ihrem vorigen Gegenstand. Sie bestimmen das Tempo! Sollte der Zuschauer von sich aus anfangen, die Gegenstände zu schnell hintereinander zu nennen, dann stoppen Sie ihn mit dem Hinweis: Bitte nicht so schnell, ich baue gerade einen zusätzlichen Schwierigkeitsgrad ein!

- Nachdem die 15 Gegenstände vom Zuschauer genannt wurden, weisen Sie darauf hin, dass Sie versucht haben, sich möglichst viele dieser Gegenstände zu merken. Kündigen Sie an, dass Sie die Gedächtnisdemonstration noch schwieriger gestalten, denn Sie wollen versuchen, die Gegenständen, die genannt wurden, in der richtigen Reihenfolge wiederzugeben.
- Und dann denken Sie an Ihren Startauslöser „Stift" und nennen den ersten gespeicherten Gegenstand, den Sie damit verbunden haben. So rufen Sie nach und nach die Gegenstände ab. Sollten Sie an einer Stelle hängen bleiben, dann sagen Sie, dass bei Ihnen im Moment Unsicherheit herrscht, welcher Gegenstand als Nächster kommt, und lassen sich den nächsten Gegenstand einfach nennen. Dazu geben Sie den Kommentar: stimmt! Wenn Sie alle Gegenstände wiedergegeben haben, dann freuen Sie sich, dass es funktioniert hat, und bedanken sich bei der Kontrollperson und den Zuschauern für ihre Mithilfe.

Die erfolgreiche Vorführung verblüfft die Zuschauer, und Sie trainieren dabei Ihre Konzentrationsfähigkeit, kreatives Denken, das Ausbrechen aus gewohnten Denkbahnen, das Assoziieren, Ihr bildhaftes Vorstellungsvermögen und vor allem die Anwendung der Kettenmethode, die Sie später auch für Praxisanwendungen benötigen. Die hier beschriebene Demonstration ist für den kleinen und privaten Kreis gedacht. Da die Vorführsituation auch immer ein wenig Spannung oder sogar Lampenfieber hervorbringt, gewöhnen Sie sich auch an das Einprägen und Erinnern in einer nicht ganz stressfreien Situation.

In den Seminaren haben die Seminarteilnehmer die Möglichkeit, diese Gedächtnisdemonstration untereinander zu üben. Dabei ergaben sich zu Beginn bei einigen Seminarteilnehmern folgende Schwierigkeiten:

- Manche Seminarteilnehmer konnten nur mit Mühe unlogische, absurde Gedankenverbindungen entwickeln. Für sie war es sehr ungewohnt, der Fantasie freien Lauf zu lassen. Diese Seminarteilnehmer versuchten deshalb, eine logische Gedankenverbindung aufzubauen, was oft nur unter größten Schwierigkeiten oder gar nicht funktionierte. Eine solche Vorgehensweise dauert auch viel zu lange und hat mit dem mnemotechnischen Assoziieren nichts mehr zu tun.
- Manche Seminarteilnehmer ließen sich durch den Trainingspartner, der die Gegenstände sehr schnell nannte und aufschrieb, von seinem Tempo anstecken, was dazu führte, dass die Konzentration auf die mnemotechnische Verbindung für ein wirksames Einprägen zu kurz war. Manchmal wurde die bildhafte Verknüpfung nicht wirklich vor dem geistigen Auge gesehen, was verhinderte, dass sich die Gedankenverbindung dem Gedächtnis behaltenswirksam einprägen konnte.
- Manche Seminarteilnehmer hatten sehr wenig Zutrauen zu ihrer Gedächtnisleistung. Sie konnten einfach nicht glauben, sich die Informationen über bildhafte Assoziationen so ohne weiteres einprägen zu können, und gingen deshalb zwischendurch zum Anfang zurück, um die Gegenstände über Wiederholungen einzuprägen, was nicht dem Sinn der Mnemotechnik entspricht, sondern eher etwas mit auswendig lernen zu tun hat.
- Manche Seminarteilnehmer blockierten sich zum Anfang dadurch, dass sie den praktischen Nutzen dieser Übung infrage stellten und sofort versuchten, diese Assoziationstechnik auf die Lösung privater und beruflicher Gedächtnisprobleme zu übertragen, was ohne weiterführende Informationen so nicht möglich ist.

Versuchen Sie, die aufgeführten Fehler zu vermeiden, und verbessern Sie Ihre Sicherheit und Schnelligkeit im Einprägen durch Training und durch die Vorführung der Gedächtnisdemonstration. Die Berücksichtigung der nachfolgenden Empfehlungen hilft Ihnen bei der Weiterentwicklung Ihrer mnemotechnischen Fähigkeiten:

Tipps zum Assoziieren

- Bewerten Sie beim Assoziieren Ihre eigenen Fantasievorstellungen nicht negativ. Lassen Sie jeden „Blödsinn" zu. Wir haben oft schon in der Kindheit gelernt: Spinn nicht so! Lass den Quatsch! Denk vernünftig! Diese Einstellungen sind beim Erlernen der Mnemotechnik hinderlich. Irgendetwas wehrt sich sozusagen, blödsinnige, nicht der Realität entsprechende Bilder vor dem geistigen Auge entstehen zu lassen. Wenn Ihnen das so gehen sollte, dann kann ich Ihnen versprechen, nach einiger Zeit haben Sie sich daran gewöhnt, und es macht sogar Spaß, der Fantasie freien Lauf zu lassen. Sie müssen ja niemanden erzählen, welche geistigen Bilder Sie als Unterstützung für Ihr Gedächtnis eingesetzt haben.
  Manchmal werde ich von Seminarteilnehmern gefragt: „Kann man durch solche komischen Assoziationen nicht verrückt werden?" Und ich antworte dann: „Ich kann Ihnen aus meiner eigenen Erfahrung sagen, man wird verrückt, aber es ist ein angenehmer Zustand!" Ein kleiner Spaß. Sie brauchen keine Ängste zu haben, wenn Sie absurde, blödsinnige Bilder aufbauen. Ihre normale Art zu denken wird dadurch nicht beeinträchtigt.
- Ihr erster Einfall ist meistens der beste! Überlegen Sie nicht lange und fragen Sie vor allem nie, was hat jetzt das eine mit dem anderen zu tun. Die Antwort könnte lauten: nichts! Dann sehen Sie auch nichts! Empfinden Sie sich als kreativer Maler, der vor dem geistigen Auge ein Bild malt oder ein Comic gestaltet.

- Achten Sie darauf, ein positives Gefühl wie Begeisterung und Freude für die bildhaften Assoziationen zu entwickeln. Mit einem positiven Gefühlszustand geht alles viel leichter, und außerdem prägen sich die Bilder besser ein.
- Es gibt in der Mnemotechnik nichts, was man nicht miteinander assoziieren könnte. In Ihrer Vorstellung können Sie die Gegenstände vergrößern und verkleinern, damit es „besser passt". Sie können den einen Gegenstand auf den anderen legen oder ihn anhängen. Sie können mit dem einen Gegenstand nach dem anderen werfen. Sie haben die Möglichkeit, den Gegenstand vom anderen herunterfallen zu lassen, ihn anzukleben, ihn wegfliegen zu lassen oder Ähnliches.
- Versuchen Sie, die Verbindungen außergewöhnlich, aktiv, komisch und absurd zu gestalten, dadurch wird das Bild nicht nur statisch gesehen, sondern zu einem inneren Erlebnis gemacht, und das prägt sich noch stärker ein.
- Konzentrieren Sie sich so lange auf die Gedankenverbindung, bis Sie sicher sind, Ihr geistiges Bild deutlich gesehen zu haben. Bei einem positiven Gefühlszustand, wie Freude und Begeisterung zu dem Bild, brauchen Sie es nur kurz zu betrachten, bei einem neutralen Gefühlszustand oder innerlichen Widerständen muss man mehr Zeit investieren, um zu erreichen, dass sich das Bild einprägt.
- Bleiben Sie immer bei der Gedankenverbindung, die gerade entwickelt werden muss, und gehen Sie nicht rückwärts, um zu kontrollieren oder zu wiederholen. Sie können sicher sein, dass die Informationen ohne Wiederholung mit einer mnemotechnischen Speicherung ca. zwei bis drei Tage abrufbar sind und erst danach langsam verblassen.

Assoziationstraining

Mit den nachfolgenden Gegenständen und Begriffen können Sie Erfahrungen bei der Entwicklung mnemotechnischer Assoziationen sammeln. Sie finden nachfolgend drei Reihen mit jeweils neun Wörtern. Vor jedem Wort steht eine Zahl von 0–9. Schreiben Sie sich vor Trainingsbeginn 20 dreistellige Zahlen auf. Mal angenommen die erste Zahl, die Sie aufgeschrieben haben, ist 450. Das bedeutet, dass Sie mit folgenden Wörtern eine Assoziation entwickeln: Wort hinter der 4 in der ersten Spalte – Wort hinter der 5 in der zweiten Spalte – Wort hinter der 0 in der dritten Spalte. Alle Wörter müssen in der richtigen Reihenfolge verbunden werden. Es geht nicht darum, die Wörter zu behalten, sondern darum, möglichst schnell zu assoziieren. Wichtig dabei ist, die Geschichte vor dem geistigen Auge tatsächlich zu sehen. Begriffe, also nicht gegenständliche Wörter, werden dabei durch ein gegenständliches Wort ersetzt, das irgendwie im Zusammenhang mit dem Begriff steht.

0. Wasserhahn	0. Radiergummi	0. Redekunst
1. Wohnwagen	1. Prüfen	1. Blatt
2. Vorsicht	2. Blume	2. Liegestuhl
3. Lautsprecher	3. Antenne	3. Geselligkeit
4. Fotoapparat	4. Kälte	4. Parkbank
5. Luft	5. Straßenbahn	5. Eimer
6. Münze	6. Birne	6. Glück
7. Papierkorb	7. Wunder	7. Badewanne
8. Laterne	8. Hut	8. Werbung
9. Entfernung	9. Sonnenschirm	9. Stein

An folgenden Beispielen soll klar werden, wie Sie mnemotechnische Gedankenverbindungen entwickeln können. Lesen Sie den Text und achten Sie gleichzeitig beim Lesen darauf, dass Sie die Handlungen deutlich vor dem geistigen Auge sehen können:

- 683
  Ich sehe eine Münze, die Münze werfe ich in einen Hut, den Hut gebe ich einer Gruppe von Menschen (die Gruppe von Menschen steht für Geselligkeit).
- 907
  Ich sehe ein Fernglas (das Fernglas steht für Entfernung), an dem ein Radiergummi hängt. Den Radiergummi werfe ich in die Badewanne.
- 449
  Ich sehe einen Fotoapparat, den ich in einen Kühlschrank stelle (der Kühlschrank steht für Kälte). Aus dem Kühlschrank nehme ich einen Stein heraus.
- 754
  Ich sehe einen Papierkorb, den ich mit in eine Straßenbahn nehme. Die Straßenbahn fährt gegen eine Parkbank.

Bitte beachten Sie, dass der Anfang immer mit „Ich sehe ...“ beginnt, um zu erreichen, die kleine Geschichte auch wirklich vor dem geistigen Auge zu sehen. Insgesamt gibt es tausend verschiedene Möglichkeiten, die Zahlen zu kombinieren. Lassen Sie jeden abwegigen Gedanken zu, ohne ihn zu bewerten, und assoziieren Sie möglichst schnell. Durch diese Übung wird hauptsächlich Ihre Kreativität trainiert, mnemotechnische bildhafte Verknüpfungen aufzubauen.

4

Mnemotechnik: Kettenmethode

Grundprinzip

Die Kettenmethode wird benutzt, um einzelne Stichwörter wie in einer Kette miteinander zu verbinden. Das Prinzip haben Sie schon beim Spiel „Kofferpacken“ und bei der Demonstration der Gedächtnisleistung angewandt. In der Praxis wird auf diese Methode zurückgegriffen, wenn es darauf ankommt, sich an bestimmte Informationen in einer vorher festgelegten Reihenfolge zu erinnern.

Einkaufskette

Mal angenommen, Sie planen für den nächsten Tag, einige Dinge einzukaufen, und Sie haben auch schon eine Idee, in welcher Reihenfolge Sie das tun möchten. Sicher wäre es möglich, sich einfach vorzustellen, welche Geschäfte Sie in welcher Reihenfolge besuchen, und sich erlebnisreich auszumalen, was Sie in diesen Geschäften einkaufen.

Wahrscheinlich wären die Dinge dann über diesen Weg ausreichend gut eingeprägt. In der Praxis würde auch nichts dagegen sprechen, sich das, was Sie einkaufen möchten, auf einem Zettel zu notieren – das wäre dann die sicherste Methode, nichts zu vergessen. Die Anwendung der mnemotechnischen Kettenmethode beim Einkaufen ist für Sie als Übung gedacht. Inzwischen setzen viele Seminarteilnehmer diese Methode in der Praxis tatsächlich beim Einkaufen ein und auch, um sich an andere Dinge, die zu erledigen sind, wieder zu erinnern.

Für den geistigen Einkaufszettel entwickeln Sie eine bildhafte Geschichte, bei der Sie jeweils den vorigen Gegenstand mit dem nächsten Gegenstand gedanklich verknüpfen. Dieser Gegenstand wird dann mit dem nächsten Gegenstand verknüpft und so geht es weiter bis zum letzten Gegenstand. Beim Spiel „Kofferpacken“ hatten Sie als Startauslöser den Koffer, bei der Demonstration der Gedächtnisleistung den Stift. Für das Einkaufen empfehle ich Ihnen einen Einkaufswagen als bildhaften Startauslöser zu sehen, denn wenn Sie an Einkaufen denken, wird Ihnen der Einkaufswagen sicher wieder einfallen.

Versuchen Sie einmal, die nachfolgenden Gegenstände mit der Kettenmethode in der vorgegebenen Reihenfolge zu behalten, indem Sie eine Geschichte, beginnend mit dem Einkaufswagen (Auslöser), bilden:

- Sekundenkleber
- Hausschuhe
- Videokassette
- Haarbürste
- Blumenvase
- Rasierklingen
- Papiertaschentücher
- Kochlöffel
- Blumenerde
- Salzstangen

Wie könnte eine mnemotechnische Geschichte zu diesen Gegenständen aussehen?

- Als Erstes stellen Sie sich den Einkaufswagen vor und sehen eine Tube *Sekundenkleber* in den Verstrebungen stecken.
- Sie nehmen den Sekundenkleber und kleben damit ein Paar *Hausschuhe* zusammen.
- Die Hausschuhe stellen Sie auf eine *Videokassette.*
- An der Videokassette hängt eine *Haarbürste.*
- Sie nehmen die Haarbürste und lassen diese in eine *Blumenvase* fallen.
- In der Blumenvase befinden sich *Rasierklingen*, die Sie ganz vorsichtig herausholen.
- Mit einer Rasierklinge schneiden Sie die *Papiertaschentücher* durch.
- Nun nehmen Sie ein Papiertaschentuch und putzen damit einen *Kochlöffel.*
- Mit dem Kochlöffel graben Sie in der *Blumenerde.*
- In der Blumenerde stecken *Salzstangen.*

Denken Sie nun an Einkaufen, dann kommt Ihnen der Einkaufswagen in den Sinn, und Ihre mnemotechnische Geschichte läuft wieder vor dem geistigen Auge ab. Die von mir als Beispiel beschriebene Geschichte ist völlig blödsinnig, prägt sich aber gerade deshalb sehr gut ein. Vom vorhergehenden Gegenstand habe ich immer zum nächsten

Gegenstand assoziiert und darauf geachtet, dass sich die Gegenstände berühren, was das spätere Erinnern hilfreich unterstützt.

Witzkette

Ein Seminarteilnehmer brachte ein Blatt mit, auf dem einige Witze einer bestimmten Gattung (Was sind die letzten Worte eines ...) standen. Er hatte aber das Problem, sich ohne dieses Blatt nur unvollständig an die Witze erinnern zu können. Sein Ziel war es, alle Witze in der auf dem Blatt vorgegebenen Reihenfolge zu jeder Zeit aus dem Gedächtnis abrufen zu können. Da auch viele andere Seminarteilnehmer Interesse anmeldeten, das können zu wollen, haben wir im Seminar an diesem Beispiel die mnemotechnische Speicherung von Informationen mit der Kettenmethode geübt. Manche Seminarteilnehmer waren von den Witzen begeistert und manche lehnten diese total ab. Natürlich gelang es denjenigen leichter, sich die Witze einzuprägen, die auch darüber lachen konnten. Der freudige Gefühlszustand führte zu einem intensiveren Einprägen.

Und das waren die Witze, die uns dieser Seminarteilnehmer mitbrachte:

- Was sind die letzten Worte eines Handy-Besitzers im Flugzeug?
  Schau mal, ich kann mit meinem Handy die Landeklappen ausfahren!
- Was sind die letzten Worte eines Beifahrers im Auto?
  Rechts ist alles frei!
- Was sind die letzten Worte eines Postboten?
  Braves Hundchen!
- Was sind die letzten Worte eines Beduinen?
  Verflixt und zugeweht!
- Was sind die letzten Worte eines Henkers?
  Die Guillotine klemmt?! Kein Problem, ich schau mal nach!

- Was sind die letzten Worte eines Bergsteigers?
  Waren gar nicht mal teuer die Karabinerhaken!
- Was sind die letzten Worte eines Türstehers vor der Diskothek?
  Sie wollen hier rein?! Nur über meine Leiche!
- Was sind die letzten Worte eines Sportlehrers?
  Die Stunde ist beendet – bitte alle Speere zu mir!
- Was sind die letzten Worte eines Architekten?
  Ich glaub, mir fällt was ein!
- Was sind die letzten Worte eines U-Boot-Kapitäns?
  Hier muss dringend mal gelüftet werden!
- Was sind die letzten Worte eines Blinden?
  Das habe ich kommen sehen!
- Was sind die letzten Worte eines Bettnässers?
  Schalte doch bitte mal die Heizdecke an!
- Was sind die letzten Worte eines Tauchers?
  Hi! (Hai!)
- Was sind die letzten Worte eines Wattwanderers?
  Ich glaub, meine Uhr ist stehen geblieben!
- Was sind die letzten Worte eines Bärenjägers?
  Na Kleines, wo ist denn deine Mami?!

Bitte nutzen Sie dieses Beispiel, auch wenn Sie die Witze nicht mögen sollten, um auszuprobieren, wie die Anwendung der Mnemotechnik bei der Speicherung von Informationen funktioniert.

Zuerst prägen Sie sich auf ganz natürliche Art und Weise die zu behaltenden Witze schrittweise ein. Versuchen Sie, jeden Witz mit eigenen Worten richtig zu formulieren. Stellen Sie sich die Situation vor. Beschäftigen Sie sich mit dem Witz. So erreichen Sie, dass der Witz gut behalten wird. Nun überlegen Sie, mit welchem Stichwort Sie sich an diesen Witz wieder erinnern könnten. Beim ersten Witz bietet sich das Handy oder das Flugzeug als Erinnerungsstichwort an. Schreiben Sie das Stichwort auf und gehen Sie entsprechend so weiter vor. Damit ergibt sich eine Liste von Gegenständen wie bei den Beispielen „Einkaufen" und „Kofferpacken". Legen Sie einen Startauslöser fest. In den Seminaren wurde oft der Mund vorgeschlagen (... sind die letzten Worte ...).

Folgende **Erinnerungsstichwörter** könnten beispielsweise auf Ihrem Zettel stehen:

- Mund (Auslöser)
- Handy
- Auto
- Hund
- Wüste
- Guillotine
- Karabinerhaken
- Türsteher
- Speere
- Gerüst
- U-Boot
- Blinder
- Heizdecke
- Taucher
- Wattenmeer
- Bär

Wie könnten diese Gegenstände nun miteinander verknüpft werden? Im Seminar ergab sich folgende Geschichte:

- Sie berühren mit dem Mund ein *Handy* und legen es anschließend auf das Dach von einem *Auto*.
- Aus dem Auto springt ein *Hund* und läuft in die *Wüste*.
- In der Wüste steht eine *Guillotine*, an der ein *Karabinerhaken* befestigt ist.
- Am Karabinerhaken hängt ein *Türsteher*.
- Der Türsteher wirft mit *Speeren* und trifft ein *Gerüst*.
- Das Gerüst fällt in sich zusammen und ein *U-Boot* wird sichtbar.
- Aus dem U-Boot klettert ein *Blinder*.
- Der Blinde hat eine *Heizdecke* unter dem Arm.
- Die Heizdecke fällt herunter und wird von einem *Taucher* aufgefangen.

- Der Taucher läuft ins *Wattenmeer*.
- Im Wattenmeer sitzt ein *Bär*.

Nachdem die mnemotechnische Geschichte kontrolliert und an den Stellen nachgebessert wurde, bei denen die Assoziationen noch nicht wirksam genug gespeichert waren, gingen wir dazu über auszuprobieren, ob wir uns an die eigentliche Information, also an die Witze, erinnern konnten. Auch hier wurde nachgebessert und durch erneute Wiederholung die Witze behaltenswirksam eingeprägt. Am nächsten Seminartag wurde dann nochmals wiederholt, um ein längerfristiges Einprägen zu erreichen, denn viele Seminarteilnehmer wollten nach dem Seminar diese Witze im privaten Bereich erzählen.

Vortragskette

Wenn Sie vorhaben, eine freie Rede zu halten, dann können Sie dafür die Kettenmethode sehr gut einsetzen. Sie brauchen nicht mehr auf einen Stichwortzettel zu schauen und können dadurch die Rede lebendiger und mit mehr Augenkontakt zu den Zuhörern halten. Mal angenommen, Sie wissen, dass Sie bei einer Hochzeit eine Ansprache halten sollen. Sie haben dazu schon den notwendigen Redestoff gesammelt und auch festgelegt, in welcher Reihenfolge Sie die Dinge erzählen möchten. Nachfolgend finden Sie einige Sätze. Wie würden Sie sich die Informationen durch die Anwendung der Mnemotechnik-Kettenmethode einprägen?

- Heute habt ihr euch vor dem Altar das Jawort gegeben und die Ringe getauscht.
- Viele Jahre sind vergangen, in denen ihr euch geprüft und nun beschlossen habt, den Bund der Ehe einzugehen.
- Zum ersten Mal habt ihr euch in einer Diskothek gesehen und miteinander getanzt. Damit war der Anfang für eine gemeinsame Beziehung gelegt.
- Euer erster gemeinsamer Urlaub führte euch in die Berge, um dort euer sportliches Hobby, das Skilaufen, auszuüben.
- Dann habt ihr beschlossen, in unser Städtchen zu ziehen, und ihr habt ein wunderschönes Fachwerkhaus gemietet.
- Beide seid ihr dann dem Karnevalsverein beigetreten, was dazu führte, dass ihr viele neue Freunde gefunden habt.
- Eure Hochzeitsreise wird eine Weltreise sein, die euch die schönsten Städte zeigt.

- Abschließend möchte ich sagen, ich wünsche euch von ganzem Herzen alles Liebe und viel Glück.

Zu den einzelnen Sätzen muss nun ein Gegenstand als Erinnerungsstichwort festgelegt werden, um zu gewährleisten, dass Sie sich an das, was Sie sagen möchten, wieder erinnern können.

Folgende **Erinnerungsstichwörter** könnten für die Rede geeignet sein:

- Brautpaar (Auslöser)
- Ringe
- Kalender
- Diskothek
- Ski
- Fachwerkhaus
- Karnevalsmütze
- Globus
- Herz

Die einzelnen Gegenstände müssen nun wieder in der vorgegebenen Reihenfolge miteinander verknüpft werden. Dazu könnte beispielsweise folgende Geschichte entwickelt werden:

- Sie sehen ein *Brautpaar*.
- Das Brautpaar spielt mit den *Ringen* in ihren Händen.
- Sie sehen, wie ein Ring an einen *Kalender* angesteckt wird.
- Diesen Kalender befestigen Sie am Eingang einer *Diskothek*.
- Vor der Diskothek ist ein *Ski* zu sehen, der an der Wand angelehnt ist.
- Den Ski werfen Sie gegen ein *Fachwerkhaus*.
- Aus dem Fachwerkhaus fliegt eine *Karnevalsmütze*.
- Die Karnevalsmütze legen Sie auf einen *Globus*.
- Am Globus hängt ein *Schokoladenherz*.

Nach der Kontrolle der mnemotechnischen Verbindungen beginnt dann das so genannte inwendig lernen, wobei Sie sich innerlich an das Stichwort erinnern und dann versuchen, ohne Aufschreiben immer wieder passende Sätze zu formulieren. Da bei diesem Beispiel die Sätze nur sehr kurz sind, haben Sie die Möglichkeit, die Sätze zu erweitern und dadurch die freie Rede unter Einbezug der Kettenmethode auszuprobieren.

Wissenskette

Manche Prüfungsfragen müssen mit einer Aufzählung von verschiedenen Dingen beantwortet werden. Auch in diesem Fall eignet sich zur Speicherung der Prüfungsfrage die Kettenmethode. Nehmen wir einmal an, Sie würden danach gefragt werden, welche Empfehlungen es für eine wirksame Informationsverarbeitung gibt. Sie haben vor, auf diese Frage folgende Tipps zu geben:

- Das behaltenswirksame Einprägen von Informationen gelingt in vielen Fällen erst durch *mehrfache Wiederholung*. Das trifft besonders für abstrakte Informationen (Zahlen, Vokabeln, Namen) zu.
- Für das Auswendiglernen von schwierigeren Informationen empfiehlt es sich, die *Lernkartei* einzusetzen, da systembedingt die Informationen in immer größer werdenden Abständen zur Wiederholung angeboten werden.
- Ohne Wiederholung bleiben dem Gedächtnis besonders gute Erlebnisse, bildhafte Beschreibungen und Beispiele, unter denen man sich etwas vorstellen kann, haften. Es empfiehlt sich, darauf zu achten, das Einprägen von Informationen durch eine *bildhafte Umsetzung* zu unterstützen.
- Man sollte versuchen, Informationen mit Interesse, Freude oder Begeisterung aufzunehmen. Diese *Gefühlszustände* sorgen für eine hohe Aufmerksamkeit und bewirken ein behaltenswirksameres Einprägen der Informationen.

- Es empfiehlt sich, die Informationen *zielorientiert* aufzunehmen und sich zu fragen: Welche Informationen benötige ich wofür? Oder sich zu fragen: Was kann ich mit der Information genau anfangen? Die Klarheit über das Ziel hilft, aus Informationen das Wesentliche besser herausfiltern zu können.
- Genaues Verstehen einer Information setzt voraus, dass Klarheit über die Bedeutung der einzelnen Wörter dieser Information besteht. Deshalb sollte man sich Fachbegriffe oder andere Wörter, deren Bedeutung man nicht genau kennt, definieren lassen oder in einem *Wörterbuch* die Definition nachschlagen.
- Man sollte versuchen, umfangreiche, komplexe oder komplizierte Informationen direkt nach dem Hören oder Lesen mit eigenen Worten vollständig und inhaltlich richtig wiederzugeben (*Reflektionstechnik*), um zu kontrollieren, ob man die Information richtig verstanden hat.
- Um sich an eingeprägte Informationen besser erinnern zu können, bietet sich die *Kettenmethode* an. Mehrere Erinnerungsstichwörter werden in einer vorher festgelegten Reihenfolge miteinander assoziiert. Jedes Stichwort ermöglicht dann die Erinnerung an die eigentliche Information.
- Die *Schubkastenmethode* eignet sich besonders gut dafür, Informationen schnell und erinnerungsfähig abzuspeichern. Hauptsächlich wird die Schubkastenmethode zur Kurzzeitspeicherung eingesetzt.
- Da besonders für die Verarbeitung von schwierigen Informationsinhalten viel Energie (geistige Kraft) vorhanden sein muss, empfiehlt es sich, rechtzeitig, bevor sich Müdigkeit und Unlustgefühle ergeben, *Pausen* einzulegen. Mit Entspannungstechniken oder durch Konzentration auf etwas anderes kann man sich wieder neue Energie zuführen.

- Mit dem Einsatz von arbeitsmethodischen Hilfen lässt sich das Gedächtnis unterstützen. Der Einsatz eines *Terminkalenders*, die Arbeit mit einem Tagesplan und einer Aktivitätenliste entlasten das Gedächtnis, schaffen Ordnung und verbessern die Konzentrationsfähigkeit.
- Die Fähigkeit, sich gut konzentrieren zu können, kann durch *mnemotechnisches Training* verbessert werden. Außerdem wird bei diesem Training die Assoziationsfähigkeit verbessert. Gleichzeitig wird dabei trainiert, aus gewohnten Denkbahnen ausbrechen zu können, was die eigene Kreativität fördert.

Bei diesen Texten ging es um Tipps für eine verbesserte Informationsverarbeitung. Für das Thema muss nun noch nach einem Startauslöser gesucht werden, der zu diesem Thema führt. Meistens werden von den Seminarteilnehmern ein Trichter oder ein Riesenkopf als bildhafter Startauslöser vorgeschlagen.

Die nachfolgenden Stichwörter werden im Seminar als Erinnerungsstichwörter zu den einzelnen Tipps am häufigsten genannt:

- **Riesenkopf** (Das ist der Startauslöser)
- **Papagei** (Hat etwas mit Wiederholung zu tun)
- **Karteikasten** (Die Lernkartei beinhaltet den Karteikasten)
- **Bild** (Ein Bild sagt mehr als tausend Worte)
- **Smili** (Ein lachendes Gesicht als Klebepunkt)
- **Zielscheibe** (Hat etwas mit dem Ziel zu tun)
- **Wörterbuch** (Bietet sich an)
- **Spiegel** (Mit einem Spiegel kann etwas reflektiert werden)
- **Kette** (Bietet sich an)
- **Schubkasten** (Bietet sich an)
- **Pausenglocke** (Als bildhaftes Element für die Pausen)

- **Terminkalender** (Bietet sich an)
- **Hantel** (Damit wird die Trainingsidee symbolisiert)

Diese Erinnerungsstichwörter müssen nun mit der Kettenmethode zu einer Geschichte geformt werden. Wie könnte die Geschichte anschließend vor dem geistigen Auge ablaufen?

- Sie sehen jemanden mit einem Riesenkopf, auf dem ein *Papagei* sitzt.
- Der Papagei flattert davon und setzt sich auf einen *Karteikasten.*
- Im Karteikasten befinden sich viele kleine *Bilder.*
- Auf einem Bild, das Sie sich näher betrachten, ist ein großer gelber Punkt mit einem lachenden Gesicht *(Smiley)* aufgeklebt, den Sie vorsichtig lösen.
- Sie kleben den Smiley genau in die Mitte einer *Zielscheibe.*
- An dieser Zielscheibe sehen Sie ein *Wörterbuch* hängen.
- Sie schlagen das Wörterbuch auf und finden darin einen *Spiegel* als Lesezeichen.
- An dem Spiegel hängt eine *Kette.*
- Sie nehmen die Kette ab und hängen einen *Schubkasten* daran.
- Sie schauen in den Schubkasten hinein und entdecken eine *Pausenglocke*, die Sie herausnehmen.
- Sie stellen die Pausenglocke auf einen *Terminkalender.*
- Dann nehmen Sie den Terminkalender und werfen ihn gegen eine *Hantel.*

Betrachten Sie es nicht als störend, wenn sich manche Gedankenverbindungen der Kette nicht richtig eingeprägt haben. Meistens liegt es daran, dass der Text gelesen wird, ohne darauf zu achten, die Gedankenverbindung vor dem geistigen Auge deutlich für einige Sekunden zu sehen. Nehmen Sie sich Zeit, die Stellen, die keinen Abruf ermöglichen, noch einmal intensiv zu assoziieren. Wahrscheinlich wird es Ihnen auch nicht gelingen, auf Grund des Erinnerungsstichworts die eigentliche Information vollständig und inhaltlich richtig aus dem Gedächtnis abzurufen. Erst durch eine intensive Beschäftigung mit dem eigentlichen Wissensstoff und durch Wiederholungen prägen sich die Kette und die Informationen langfristig in Ihrem Gedächtnis ein.

Ein Seminarteilnehmer erzählte, dass er nach dem Besuch von Seminaren seinem Vorgesetzten immer berichten musste, was er im Seminar alles gelernt hatte. Meistens fiel es ihm schwer, aus dem Gedächtnis heraus eine gute Zusammenfassung zu geben. Mit der Wissenskette „Riesenkopf" konnte er diesmal frei und ohne Zettel einen ganzen Vortrag halten. Wahrscheinlich war dem Vorgesetzten dieser Vortrag zu lang, denn der Seminarteilnehmer sagte mir, dass er seit diesem Vortrag dem Vorgesetzten nie wieder berichten musste, was er als große Erleichterung empfand.

Wenn Sie kleine Gedächtnisdemonstrationen vorführen, werden Sie anschließend meistens um Rat gefragt, was man so alles für die Verbesserung des Gedächtnisses tun kann. Ihnen fällt der Riesenkopf ein, und nun haben Sie zwölf Stichwörter in einer Kette gespeichert, mit denen Sie sich an wichtige Tipps erinnern. Sie können nun dem Fragenden umfassend antworten. Dabei müssen Sie nicht unbedingt alle Informationen weitergeben. Der Zuhörer weiß nicht, wie lang Ihre Mnemotechnik-Kette ist. Erzählen Sie das, worauf Sie in der Situation Lust haben und was den Zuhörer wirklich interessiert.

Wichtige Tipps

Wenn Sie vorhaben, Informationen in einer festgelegten Reihenfolgen mit der Kettenmethode langfristig im Gedächtnis zu speichern, dann empfehle ich Ihnen, die nachfolgende Vorgehensweise einzuhalten:

Anwendung der Kettenmethode

- **Einprägen auf natürliche Art und Weise**
  Beschäftigen Sie sich zuerst mit der eigentlichen Information, bis Sie sicher sind, alles verstanden zu haben, und versuchen Sie, die Information mit eigenen Worten wiederzugeben.
- **Erinnerungsstichwort festlegen**
  Kürzen Sie die Information auf ein Erinnerungsstichwort. Wählen Sie möglichst ein bildhaftes Stichwort aus, damit Sie später die mnemotechnische Geschichte gut bildhaft aufbauen können.
- **Startauslöser festlegen**
  Zum Start der Geschichte brauchen Sie einen Gegenstand, der mit den Inhalten etwas zu tun hat. Sozusagen einen bildhaften Oberbegriff. Überlegen Sie sich, welcher Gegenstand das sein könnte.
- **Mnemotechnische Geschichte entwickeln**
  Beginnen Sie mit den Stichwörtern, eine mnemotechnische Geschichte vor dem geistigen Auge zu entwickeln. Achten Sie darauf, dass Sie die verknüpften Gegenstände wirklich innerlich sehen.
- **Kontrolle und Nachbesserung (Mnemotechnische Kette)**
  Kontrollieren Sie, ob Ihnen die mnemotechnische Geschichte ermöglicht, sich jeweils von einem Gegenstand an den nachfolgenden Gegenstand zu erinnern.

Bessern Sie die Stellen nach, die noch nicht gut aufgebaut sind, indem Sie sich erneut auf die Assoziation konzentrieren und Sie sich diese ca. fünf Sekunden vor dem geistigen Auge anschauen.

- **Kontrolle und Nachbesserung (Informationen)**
  Kontrollieren Sie nun, ob Sie über den Gegenstand, also über Ihr Erinnerungsstichwort, in der Lage sind, sich an die eigentliche Information richtig zu erinnern. Bessern Sie an den notwendigen Stellen nach, indem Sie sich mit der eigentlichen Information und dem Erinnerungsstichwort noch einmal etwas intensiver beschäftigen.
- **Einprägen durch Wiederholung**
  Nehmen Sie abschließend die zukünftige Anwendung in der Praxis dadurch vorweg, dass Sie so tun, als würden Sie jemanden diese Informationen mitteilen. Gehen Sie innerlich Ihre Kette durch, sehen Sie Ihre Erinnerungsstichwörter und teilen Sie die damit verbundene Information mit. Wenn Sie die Informationen über einen langen Zeitraum zur Verfügung haben möchten, dann ist es empfehlenswert, diese Informationen gelegentlich zu wiederholen.

In der Praxis wird die Kettenmethode auch zum Speichern von Checklisten, Tagesabläufen, Argumenten, Aufzählungen etc. benutzt. Der Einsatz der Kettenmethode erfolgt aber nur dann, wenn genügend Zeit zur Verfügung steht, eine Kette zu entwickeln. In der Praxisanwendung beim Zuhören wären Sie bei komplexen Informationen wahrscheinlich schnell überfordert, wenn Sie gleichzeitig eine Information verstehen und behalten wollen, dabei versuchen, das richtige Erinnerungsstichwort für die Information festzulegen, verbunden mit der Überlegung, wie Sie das Stichwort assoziativ in Ihrer Kette unterbringen. Wenden Sie deshalb die Kettenmethode nur dann an, wenn Sie sich für die Kettenbildung genügend Zeit verschaffen können. Beim Zuhören kommt die Mnemotechnik-Schubkastenmethode zur Anwendung, die später beschrieben wird.

Die Ausnahmeregel für das Bilden einer Kette beim Zuhören ist die kleine Gedächtnisdemonstration, 15 genannte Gegenstände in der richtigen Reihenfolge zu behalten.

Bei meinen ersten Versuchen mit der Mnemotechnik habe ich die Kettenmethode für kleine Gedächtnisdemonstrationen eingesetzt. Als ich in einer Gaststätte einige Leute kennen lernte, überließ ich jemanden aus dieser Gruppe einen Zettel mit der Aufforderung, mir einen Gegenstand zu nennen und diesen zur Kontrolle aufzuschreiben. Alle dachten an einen psychologischen Test, den ich durchführen wollte. Nachdem mir 15 Gegenstände genannt wurden, löste ich auf, worum es ging, indem ich auf eine Gedächtnisübung hinwies und alle Gegenstände in der richtigen Reihenfolge wiedergab. Dafür bekam ich anschließend die Getränke frei. Als Gedächtniskünstler kann man zumindest nicht verdursten!

Jeder wollte nun gerne wissen, wie das ging. Keiner aus dieser Gruppe glaubte daran, dass er in der Lage ist, alle Gegenstände so ohne weiteres in der richtigen Reihenfolge zu behalten. Wir entwickelten gemeinsam eine Kette mit verrückten Gedankenverbindungen, und alle waren in der Lage, die 15 Gegenstände anschließend in der richtigen Reihenfolge aufzuschreiben.

Nach einigen Jahren sprach mich jemand an, der damals in dieser Gruppe dabei war, und wollte mir beweisen, dass er immer noch alle Gegenstände wusste, was ihm auch einwandfrei gelang. Der anschließende Satz reizte mich zum Lachen, denn er fragte: „Was kann man eigentlich dafür tun, diese mnemotechnische Geschichte wieder zu vergessen?“ Und er gab darauf gleich die Antwort: „Ich habe versucht, die Kette aus meinem Kopf zu streichen, und bin hin und wieder die Geschichte durchgegangen, um zu prüfen, welche Gegenstände ich schon vergessen habe – aber alle waren noch da!“

Diese Kette wird ihm wahrscheinlich nie mehr aus dem Gedächtnis gehen, denn hier ist nichts für das Vergessen getan worden. Ganz im Gegenteil, durch die Wiederholung, kurz vor dem Gefühl, einzelne Gegenstände vergessen zu haben, haben sich die Assoziationen behaltenswirksam aufgefrischt und dadurch noch fester eingeprägt. Das Vergessen geschieht dadurch, dass man eben nicht wiederholt. Um diesem Menschen in seiner leichten Verzweiflung etwas zu helfen, haben wir für jeden Gegenstand nach einem Witz gesucht, der etwas mit diesem Gegenstand zu tun hat, und tatsächlich, gemeinsam haben wir es geschafft. Lustig war es auch noch dazu und vor allem: Große Erleichterung, denn plötzlich war diese mnemotechnische Geschichte für ihn wertvoll geworden, da er über die Erinnerungsstichwörter immerhin 15 Witze abrufen konnte und sich somit im Nachhinein für ihn das Einprägen der mnemotechnischen Geschichte gelohnt hat.

5

Mnemotechnik: Auslösermethode

Grundprinzip

Das Prinzip, sich über einen Auslöser zu erinnern, haben Sie schon kennen gelernt. Die Auslöser wurden bisher als Startgegenstand für einige Ketten eingesetzt und hatten den Zweck, sich an den ersten Gegenstand der Kette zu erinnern, um damit den Abruf aller Gegenstände der Kette in Gang zu bringen. Beim Spiel „Kofferpacken“ ist der Startauslöser der Koffer, und mit dem Startauslöser Riesenkopf wird die Kette „Tipps zur Informationsverarbeitung“ abgerufen.

Auslöser sind in der Mnemotechnik immer bildhafte Vorstellungen, an die man sich ohne Schwierigkeiten erinnern kann. Wenn man sich beispielsweise in einem Raum befindet, dann kann jeder Gegenstand als Auslöser benutzt werden. Solange die Gegenstände des Raums gesehen werden, können dadurch auch die damit gespeicherten Informationen wieder abgerufen werden. Aber es ist auch möglich, sich an Räume und Orte zu erinnern, ohne dort anwesend zu sein. Automatisch sind auch die einzelnen Gegenstände dieser Räume und Orte wieder abrufbar und können dadurch als Auslöser zur Speicherung von Informationen dienen.

Auslöser sind also Assoziationsreize, eine Art Wegweiser zu der mit dem Auslöser mnemotechnisch verknüpften Information. Sie sind nicht dafür gedacht, sich eine Information gut einzuprägen, sondern dafür, sich an eine eingeprägte Information sehr gut erinnern zu können.

Frageauslöser

Bei Prüfungen wird auf eine Frage die richtige Antwort erwartet. Fernsehsendungen wie beispielsweise „Wer wird Millionär“ sind eine Art Prüfung, bei der es auch darauf ankommt, die richtige Antwort auf eine Frage zu finden. Die Antwortmöglichkeiten sind vorgegeben, was eine große Hilfe darstellt. Wer diese Sendung schon einmal gesehen hat, wird erlebt haben, dass uns bei vielen Fragen die richtige Antwort einfällt. Daran lässt sich gut erkennen, dass wir viel mehr Informationen eingeprägt haben, als wir vielleicht vermuten. Die Frage als eine Art Assoziationsreiz führt uns an die Information heran, von der wir gar nicht gewusst haben, dass sich diese dem Gedächtnis automatisch eingeprägt hat. Wenn Sie diese Sendungen am Bildschirm verfolgen, dann können Sie trainieren, sich neuen Wissensstoff mit mnemotechnischer Unterstützung einzuprägen.

Versuchen Sie die nachfolgenden Fragen und Antworten miteinander zu assoziieren:

- *Frage:* Was für ein Tier ist ein Knurrhahn?
  Antwort: Fisch
  Als mnemotechnische Verbindung könnten Sie sehen, wie ein knurrender Hahn einen Fisch verspeist.
- *Frage:* Wie nennt man die PS-starken Serienautos, die zu Rennwagen aufgemotzt werden?
  Antwort: Stockcars
  Wenn Sie Rennwagen sehen, auf die Sie mit einem Stock einschlagen, werden Sie diese Assoziation wahrscheinlich nicht mehr vergessen.
- *Frage:* Durch welches Verfahren schickte man im alten Athen seine Mitbürger in die Verbannung?
  Antwort: Scherbengericht

Sehen Sie vor dem geistigen Auge, wie die Mitbürger in Athen über Scherben laufen.

- *Frage:* Wie hieß das erste deutsche Frachtschiff mit Atomantrieb?
  Antwort: Otto Hahn
  Als mnemotechnische Verbindung könnten Sie sehen, wie auf einem atomangetriebenen Frachtschiff Otto einem Hahn hinterherläuft.
- *Frage:* In welchen Fluss mündet die Schwarze Elster?
  Antwort: Elbe
  Sehen Sie eine Elster an der Elbe sitzen. Wenn Sie keine bildhafte Vorstellung zur Elbe haben, dann verdeutlichen Sie sich, dass die beiden Anfangsbuchstaben von Elster und Elbe gleich sind.
- *Frage:* Welches Profil ist im Fußabdruck des ersten Menschen auf dem Mond zu erkennen?
  Antwort: Streifen-Profil
  Sehen Sie vor dem geistigen Auge auf dem Mond einen Fußabdruck mit vielen Streifen.

In der Praxis ist diese Vorgehensweise eine außerordentlich gute Hilfe bei der Verknüpfung von Prüfungsfragen mit den Prüfungsantworten. Die Frage bringt automatisch den Auslöser, und dieser führt zur gespeicherten Antwort: „Wie hieß das erste deutsche Frachtschiff mit Atomantrieb?“ – schon ist der Auslöser in Form eines Frachtschiffes da und man sieht, wie der Komiker Otto einem Hahn hinterherläuft, und weiß nun die richtige Antwort: „Otto Hahn“. Ein junger Seminarteilnehmer machte gerade seinen Führerschein und klagte sein Leid, dass er sich die Zahlenangaben zu manchen Antworten schlecht behalten kann. Wie würden Sie sich die Antworten auf folgende Fragen mit mnemotechnischer Unterstützung merken?

- Wie viele Personen darf ein Arbeitgeber auf der Ladefläche eines Lkw höchstens zur Arbeitsstätte befördern lassen?
  Richtige Antwort: 8
  Achtung (8), die Personen müssen sich an den Seiten der Ladefläche festhalten. Auf der Ladefläche befindet sich das Modell für den Bau einer Achterbahn (8).
- Welcher Mindestabstand muss vor einem Fußgängerüberweg beim Halten oder Parken eingehalten werden?
  Richtige Antwort: 5 Meter
  Ein Fußgänger hilft dem einparkenden Autofahrer vor dem Fußgängerüberweg, indem er ihn mit seinen fünf Fingern (5) einweist.
- Wann muss ein Pkw mit Anhänger außerorts auf Straßen mit nur einem Fahrstreifen für jede Richtung zum Vorausfahrenden einen so großen Abstand halten, dass ein Überholender einscheren kann?
  Richtige Antwort: Bei einer Zuglänge über 7 Meter
  Der Pkw mit Anhänger fährt außerorts auf seinem Fahrstreifen, und die sieben Zwerge (7) sorgen für den richtigen Abstand zum vorausfahrenden Fahrzeug.

An diesen Beispielen können Sie erkennen, dass Zahlen in Beziehung zu Zahlen gesetzt werden, die eine Bedeutung haben und sich dadurch leichter behalten lassen. Bei Zahlen, die größer als zwanzig sind, wird es schwerer, den Zahlen eine Bedeutung zuzuweisen. Will man das Problem lösen, muss auf die Mnemotechnik-Zahlenwortmethode ausgewichen werden. Mit dieser Methode lässt sich auch umfangreiches Zahlenmaterial hervorragend speichern.

Diese Beispiele sollen auch verdeutlichen, dass mnemotechnische Verbindungen die Assoziationen eindrucksvoller machen. Nicht immer gelingt es, einen guten Bezug herzustellen, aber eine weniger gute Gedankenverbindung ist immer noch besser als gar keine Gedankenverbindung. Nehmen Sie sich die Freiheit, völlig blödsinnig zu assoziieren, und bewerten Sie Ihre kreativen Einfälle nicht negativ!

Schreibtischauslöser

Mal angenommen, Sie sitzen an einem Schreibtisch. Ihr Vorgesetzter kommt zu Ihnen in das Büro und gibt Ihnen einige Arbeitsanweisungen, die Sie ohne Notiz behalten möchten. Wie könnten Sie vorgehen, um sicher zu sein, dass Sie sich anschließend an alle Arbeitsanweisungen erinnern?

Folgende Informationen hören Sie:

- Bitte schauen Sie im Internet nach, ob es eine günstigere Einkaufsquelle für Klarsichthüllen gibt.
- Unsere 10-Uhr-Besprechung ist auf Montag, gleiche Zeit, verlegt worden.
- Es wäre schön, wenn Sie sich einige Gedanken zur bevorstehenden Weihnachtsfeier für unsere Abteilung machen würden.
- Bitte machen Sie eine Aufstellung Ihrer Bahnfahrten und geben dann die Reisekostenabrechnung ab.
- Ich brauche noch die Kostenstatistik für den letzten Monat.

Wenn Sie beim Zuhören Gegenstände, die Sie sehen können, mit den gehörten Informationen verbinden, dann ist die Information über die gegenständlichen Auslöser später wieder abrufbar. Nehmen Sie einmal an, wenn Sie am Schreibtisch sitzen, sehen Sie folgende Gegenstände:

- Telefon
- Monitor
- Computermaus
- Zettelbox
- Kugelschreiber

Diese Gegenstände können Sie sofort als Auslöser zur kurzfristigen Speicherung von Informationen benutzen. Dabei ist es wichtig, nicht nach einem Gegenstand zu suchen, der als „passender Auslöser" eine logische Verbindung zur Information ermöglicht. Bleiben Sie bei der mnemotechnischen Vorgehensweise, bei der in der Vorstellung alles „passend gemacht" wird. Die einzelnen Gegenstände werden von links nach rechts angeschaut und mit der Information assoziiert.

- Stellen Sie in Ihrer Vorstellung das *Telefon* auf eine Klarsichthülle.
- Tragen Sie den *Monitor* im Mondlicht (Montag) in den Besprechungsraum.
- Die *Computermaus* legen Sie unter den Weihnachtsbaum.
- Mit der *Zettelbox* sitzen Sie in der Bahn und machen Ihre Reisekostenabrechnung.
- Mit dem *Kugelschreiber* zeichnen Sie ein Linienchart als Kostenstatistik.

Nun können Sie sich über die einzelnen Schreibtischauslöser wieder an die Informationen, die Ihnen der Vorgesetzte mitgeteilt hat, erinnern.

Manche Seminarteilnehmer haben für sich entschieden, alles, was am gleichen Tag noch erledigt werden soll, nicht in den Tagesplan einzutragen, sondern mit Schreibtischauslösern zu verbinden. Wenn der Arbeitsvorgang erledigt ist, steht der entsprechende Auslöser zur erneuten Speicherung zur Verfügung.

Einige Seminarteilnehmer benutzen die Schreibtischauslöser für die Vorplanung von Arbeitsvorgängen, während Sie auf dem Weg zur Arbeitsstelle sind. Dazu werden die Gegenstände, die als Schreibtischauslöser definiert wurden, geistig abgerufen. Wenn Sie beispielsweise nicht vergessen möchten, heute unbedingt noch daran zu denken, ein Leasingangebot für einen Fotokopierer anzufordern, und Sie sitzen nicht an Ihrem Schreibtisch, dann rufen Sie sich innerlich einen „freien Schreibtischauslöser" ab und verbinden damit die zu merkende Information. Sie könnten beispielsweise sehen, wie Sie Ihre Computertastatur (Schreibtischauslöser) auf einen Fotokopierer legen und fotokopieren. Kommen Sie dann an Ihren Arbeitsplatz, sehen Sie Ihre Schreibtischauslöser und Sie erinnern sich an alle Informationen, die Sie auf dem Weg zur Arbeit mit den Auslösern gedanklich verbunden haben. Wenn Sie auf die Computertastatur schauen, dann fällt Ihnen wieder das Erinnerungsstichwort Fotokopierer ein, und Sie wissen, was Sie tun wollten.

Raumauslöser

Raumauslöser sind Gegenstände, die Sie in einem Raum sehen und die Ihnen wie die Gegenstände auf dem Schreibtisch als Auslöser dienen können, um damit Informationen zu speichern.

Welche Gegenstände findet man in einem Wohnzimmer? Beispielsweise könnten das sein:

- Bild
- Blumenvase
- Couch
- Tisch
- Sessel
- Telefon
- Lampe
- Vorhang
- Heizung
- Fenster
- Tür
- Musikanlage
- Lautsprecher
- Fernseher
- CD-Ständer

Sie müssen sich nicht unbedingt in Ihrem Wohnzimmer befinden, um Informationen zu speichern, denn Sie sind auch in der Lage, sich an einem anderen Ort an Ihr Wohnzimmer mit den einzelnen Gegenständen zu erinnern. Wenn Sie sich jetzt Ihr eigenes Wohnzimmer vorstellen, werden Sie in der Lage sein, entsprechende Gegenstände abzurufen. Schauen Sie – geistig an der Tür stehend – in Ihr Wohnzimmer. Was sehen Sie als ersten Gegenstand auf der linken Seite? Nehmen Sie diesen Gegenstand als ersten Raumauslöser und schauen Sie sich weiter im Uhrzeigersinn in diesem Raum um und legen Sie weitere Gegenstände als Auslöser fest. Durch die Vorgehensweise, sich im Uhrzeigersinn umzuschauen, wird automatisch eine Reihenfolge der Auslöser gebildet. Somit sind Sie auch in der Lage, Informationen zu speichern, bei denen es darauf ankommt, diese in der richtigen Reihenfolge wiederzugeben.

Mit diesen Raumauslösern können Sie nun Informationen speichern. Wenn Sie später geistig in Ihr Wohnzimmer schauen, sehen Sie Ihre Gegenstände, die Sie als Auslöser definiert haben. Ihnen fallen Ihre mnemotechnischen Verbindungen wieder ein und Sie können sich an Ihre gespeicherten Informationen erinnern.

Einige Seminarteilnehmer hatten Schwierigkeiten, sich Witze aus dem Gedächtnis abrufen zu können. Um das Problem zu lösen, entschieden sie sich dafür, ihre Lieblingswitze mit den Raumauslösern aus ihrem Wohnzimmer zu verbinden. Da ich eine Couch im Wohnzimmer vermutete, fragte ich: „Was sehen Sie mit der Couch verbunden?“ Als Antwort bekam ich: „Auf der Couch sitzt ein Glatzköpfiger“, und dann hörte ich folgenden Witz: „Warum müssen im Theater die Glatzköpfigen immer in der ersten Reihe sitzen?“ Antwort: „Damit die Einarmigen in der zweiten Reihe besser klatschen können.“ Zusätzlich erzählte mir der Seminarteilnehmer, dass er sieht, wie der Glatzköpfige mit einem Handy telefoniert. Eine gute Idee! Das Handy war das erste Erinnerungsstichwort für die Witzfrage: „Was sind die letzten Worte eines Handybesitzers im Flugzeug?“ und brachte die komplette Witzkette (Auto, Hund, Wüste etc.) in Gang. Eine praktikable Idee, die zeigt, dass es sinnvoll sein kann, mnemotechnische Erinnerungsketten in einem dafür festgelegten Raum mit den dort befindlichen Gegenständen zu speichern.

Wegauslöser

Eine weitere Möglichkeit, natürliche Auslöser, also Auslöser, die man nicht lernen muss, zu benutzen, besteht darin, einen bestimmten Weg vor dem geistigen Auge abzurufen. Man kann auch die einzelnen Gegenstände, die als Auslöser dienen sollen, in einer festgelegten Reihenfolge sehen.

Schauen Sie sich einmal um, was Sie für Gegenstände sehen, wenn Sie das Haus verlassen und einen bestimmten Weg gehen. Das könnten beispielsweise sein:

- Geländer
- Blumenkasten
- Treppe
- Laterne
- Feuerleiter
- Zaun
- Fahrradständer
- Parkplatz
- Müllkästen
- Baum

Manche Seminarteilnehmer haben sich mehrere Wegstrecken mit jeweils zehn markanten Auslösern angeeignet, die dann für unterschiedliche Behaltenssituationen als Anknüpfungspunkt für Informationen dienen.

Ortauslöser

Sie können weitere Auslösesysteme entwickeln, wenn Sie sich geistig an einen bestimmten Ort begeben, an dem Sie viele verschiedene Gegenstände sehen können. Nehmen Sie als Beispiel eine Tankstelle. Hier gibt es viele Gegenstände, die als Auslöser geeignet sind. Folgende Auslöser für diesen Ort werden in den Seminaren meistens ausgewählt:

- Tankstellenschild
- Zapfsäule
- Wascheimer
- Luftdruckmesser
- Motorrad
- Waschanlage
- Werkstatt
- Verkaufsraum
- Stehtisch
- Kasse

Weitere Orte können Sie für sich bei Bedarf festlegen, wobei es zu empfehlen ist, immer mindestens zehn verschiedene Auslöser für einen Ort zu bestimmen.

Wichtige Tipps

In der Praxis wird die Auslösermethode eher beim Zuhören eingesetzt. Es ist leichter, eine Information auf ein Erinnerungsstichwort zu kürzen und mit einem Gegenstand zu verbinden, als das Erinnerungsstichwort an das letzte Erinnerungsstichwort in der Kette anzuknüpfen. Das Abrufen der gespeicherten Informationen ist außerdem sicherer. Mal angenommen, Sie hätten zwanzig Informationen beim Zuhören mit der Kette gespeichert und Sie bleiben beim Abrufen an der fünften Stelle hängen, dann wissen Sie nicht mehr, wie die gesamte Kette weiterging. Würde Ihnen das Gleiche mit der Auslösermethode passieren, dann bleiben Sie vielleicht auch an der fünften Stelle hängen, kommen aber sehr wohl an die nächste Information, wenn Sie an Ihren Auslöser der sechsten Information denken.

Da es genügend verschiedene Räume, Wege und Orte gibt, können Sie bei Bedarf Ihre bisher festgelegten Auslöser durch weitere bildhafte Auslöser ergänzen. In der Praxis ist das nur dann nötig, wenn Sie sehr viele Informationen über den Weg des Zuhörens hintereinander kurzfristig speichern wollen oder wenn Sie gleiche Auslöser nicht so häufig hintereinander benutzen möchten, um Verwechslungen zu vermeiden.

Normalerweise ist für die Langfristspeicherung die Kettenmethode gedacht, aber wenn man noch genügend Auslöser für die Kurzzeitspeicherung übrig behält, dann tritt auch nicht das Problem ein, plötzlich keine Auslöser mehr zur Verfügung zu haben. Eine dauerhafte Belegung der Auslöser aus Räumen, Wegen und Orten macht besonders dann Sinn, wenn an diese Auslöser Ketten angeknüpft werden, da in dieser Kombination große Informationsmengen abrufbar sind.

6

Mnemotechnik: Schubkastenmethode 1–20

Auslöser von 1–20

Die Schubkastenmethode 1–20 beinhaltet zwanzig Gegenstände, die Ihnen in Zukunft als Auslöser dienen können. Da ein Bezug zu den Zahlen von 1–20 besteht, sind Sie zusätzlich in der Lage, später zu wissen, welche Information Sie bei einer bestimmten Zahl gespeichert haben.

Die Schubkastenmethode wird in der Praxis immer zur kurzfristigen Speicherung von Informationen benutzt. Es ist die Methode, die Gedächtniskünstler, aber auch die Seminarteilnehmer besonders gerne in der Praxis einsetzen.

Stellen Sie sich vor, Sie haben einen geistigen Schrank mit 20 Schubkästen, die mit den Zahlen von 1–20 beschriftet sind. Aus jeder Zahl wird nun ein gegenständlicher, bildhafter Auslöser, der im Zusammenhang mit der Zahl steht. Später werden mit diesen Auslösern die neu aufzunehmenden Informationen mnemotechnisch verbunden. Da Auslöser gefunden werden müssen, die im Zusammenhang mit einer Zahl stehen, ist die Suche eingegrenzt, was das Auswendiglernen erleichtert. Für das Erlernen der Schubkastenmethode 1–20 brauchen die Seminarteilnehmer durchschnittlich nicht mehr als 20 Minuten. Danach kann sehr schnell zu jeder Zahl der entsprechende Gegenstand abgerufen werden. Ich empfehle Ihnen, zu Beginn die Schubkastenmethode 1–20 für die Vorführung von Gedächtniskunststücken einzusetzen, um den richtigen Umgang mit der Methode zu erlernen. Später können Sie die 20 Auslöser in der Praxis anwenden.

Nachfolgend sehen Sie die Gegenstände, die im Seminar am häufigsten aus verschiedenen Vorschlägen ausgewählt werden. Bei jeder Zahl sollten Sie in Zukunft blitzschnell die dazugelernte bildhafte Vorstellung abrufen können. Wenn Sie sich das nachfolgende System anschauen, erkennen Sie schnell, wie es aufgebaut ist. Wichtig ist es, die Auslöser von 1–20 gut auswendig zu lernen, damit Sie in der Lage sind, ohne Nachdenken beim Abruf einer Zahl von 1–20, die gelernte bildhafte Vorstellung deutlich vor dem geistigen Auge zu sehen.

Auslöser für die Schubkästen von 1–20

1 **Rennwagen** (Ein Rennwagen aus der Formel 1)

2 **Zwillinge** (Zwei, die sich sehr ähnlich sehen, nennt man Zwillinge)

3 **Dreirad** (Drei Räder hat ein Dreirad)

4 **Kleeblatt** (Vier Blätter an einem Kleeblatt bringen Glück)

5 **Hand** (Fünf Finger an einer Hand)

6 **Spielwürfel** (Sechs Ziffern auf einem Spielwürfel)

7 **Zwerge** (Sieben Zwerge und Schneewittchen)

8 **Achterbahn** (Achterbahn auf der Kirmes)

9 **Kegelbahn** (Alle Neune auf der Kegelbahn)

10 **Sprungbrett** (Zehnmeter-Sprungbrett im Schwimmbad)

11 **Fußball** (Elf Fußballspieler spielen Fußball)

12 **Standuhr** (Zwölf mal schlägt die Standuhr um Mitternacht)
13 **Katze** (Die 13 als Unglückszahl. Eine schwarze Katze läuft über die Fahrbahn)
14 **Blumenstrauß** (Am 14.2. ist Valentinstag. Ein Blumenstrauß wird verschenkt)
15 **Fuß** (Fünf Zehen (klingt so ähnlich wie fünfzehn) hat ein Fuß)
16 **Schallplatte** („Sweet Sixteen" – der Titel eines Oldies auf der Schallplatte)
17 **Spielkarten** (17+4 ist ein Kartenspiel)
18 **Goldbarren** (18 Karat Gold hat ein Goldbarren)
19 **Fernseher** (19 Uhr Nachrichten im Fernsehen (ZDF))
20 **Computer** (Das zwanzigste Jahrhundert als Computerzeitalter)

Wiederholen Sie die Zahlen von 1–20 innerlich mehrmals und versuchen Sie den Auslöser deutlich vor dem geistigen Auge zu sehen. Manche Gegenstände prägen sich sehr schnell ein, manche Gegenstände schwerer. Das ist ein normaler Vorgang. Nach mehreren Durchgängen sollten Sie in der Lage sein, blitzschnell zu wissen, welche Zahl welchen Gegenstand symbolisiert.

Gedächtniskunststück

Die meisten Gedächtniskünstler wenden eine Schubkastenmethode an, um die zugerufenen Gegenstände der Zuschauer zu behalten. Bildlich beschrieben werden die Begriffe der Zuschauer hintereinander in die Schubkästen von 1–20 hineingelegt. Im Gegensatz zur Kettenmethode ist diese Vorführvariante sicherer, denn wenn Sie bei der Kettenmethode den nächsten Gegenstand nicht mehr abrufen können, dann gibt es einen Bruch in der Kette, und Sie kommen in den meisten Fällen ohne Hilfe nicht weiter. Bei der Schubkastenmethode dagegen lassen Sie die Stelle aus, an der Sie den zugerufenen Gegenstand nicht wiedergeben können. Gehen Sie einfach zum nächsten Auslöser über und rufen Sie den damit verbundenen Gegenstand ab. Wenn Sie vor der Wiedergabe betont haben, sich anschließend an möglichst viele Gegenstände zu erinnern, und nicht gesagt haben, sich an alle Gegenstände erinnern zu wollen, wird der Gesamteffekt durch das Auslassen kaum beeinträchtigt. Wenn Sie es fertig bringen, alle zugerufenen Gegenstände der Zuschauer richtig wiederzugeben, ist das Erstaunen umso größer.

Versuchen Sie bitte, das nachfolgende Beispiel einer Gedächtnisvorführung nachzuvollziehen. Bauen Sie sich eigene mnemotechnische Assoziationen auf, somit haben Sie für sich wieder die Möglichkeit, Erfahrungen im Umgang mit Ihrer Fantasie und der bildhaften Vorstellung zu sammeln. Stellen Sie sich nun vor, Sie sind Gedächtniskünstler, auf der Bühne steht eine Tafel mit den Zahlen von 1–20 beschriftet. Sie erzählen das, was Sie auch schon bei der Gedächtnisvorführung mit der Kettenmethode gesagt haben, und lassen sich nun einzelne Gegenstände zurufen, die eine Kontrollperson auf der Tafel mitschreibt. Versuchen Sie jetzt, die nachfolgenden Gegenstände mit der Schubkastenmethode 1–20 zu behalten.

Mal angenommen, Sie bekommen die nachfolgenden Gegenstände zugerufen:

1	Schildkröte	11	Messer
2	Gemälde	12	Radio
3	Haus	13	Kleiderständer
4	Brille	14	Bank
5	Zitrone	15	Schrank
6	Topf	16	Glas
7	Pferd	17	Badewanne
8	Teich	18	Parkuhr
9	Elefant	19	Hut
10	Sturzhelm	20	Schlittschuhe

Nachdem Sie alle zugerufenen Gegenstände der Zuschauer mit der Schubkastenmethode 1–20 abgespeichert haben, zählen Sie innerlich von 1–20, wodurch Ihnen dann jeweils Ihr gelernter Auslöser zur Zahl wieder einfällt. Sie erinnern sich dadurch auch an Ihre mnemotechnische Assoziation, die Sie sich gebildet haben. Der gemerkte Gegenstand fällt Ihnen wieder ein, und so sind Sie in der Lage, alle Gegenstände in der richtigen Reihenfolge abzurufen. Applaus! Als Höhepunkt Ihrer Vorführung lassen Sie sich einige Zahlen von 1–20 zurufen und sagen dann blitzschnell, welche Gegenstände von den Zuschauern an diesen Stellen genannt wurden. Applaus!

Ich habe zu dem Beispiel 20 Gedankenverbindungen beschrieben, so wie ich sie entwickeln würde. Das bedeutet aber nicht, dass Sie die gleichen Gedankenverbindungen aufbauen sollen. Ihre Assoziationen, aus Ihrer eigenen Kreativität entstanden, sind meistens behaltenswirksamer als vorgegebene Gedankenverbindungen. Sollten Sie aber

Schwierigkeiten haben, Assoziationen zu entwickeln, dann versuchen Sie die Gegenstände mit den nachfolgenden Gedankenverbindungen zu behalten:

1 **Schildkröte:** Auf der Motorhaube des *Rennwagens* sitzt eine Schildkröte.
2 **Gemälde:** Die *Zwillinge* schauen sich ein Gemälde interessiert an.
3 **Haus:** Ein *Dreirad* fährt aus einem Haus heraus.
4 **Brille:** Ein *Kleeblatt* ist an einer Brille befestigt.
5 **Zitrone:** Mit der *Hand* drücke ich eine Zitrone fest zusammen.
6 **Topf:** Ein *Spielwürfel* fällt mir in den Topf.
7 **Pferd:** Die sieben *Zwerge* sitzen auf einem Pferd.
8 **Teich:** Die *Achterbahn* endet an einem Teich.
9 **Elefant:** Auf der *Kegelbahn* sitzt ein Elefant.
10 **Sturzhelm:** Auf dem *Sprungbrett* liegt ein Sturzhelm.
11 **Messer:** In einen *Fußball* wird ein Messer hineingestochen.
12 **Radio:** Auf einer *Standuhr* steht ein Radio.
13 **Kleiderständer:** Eine *Katze* springt auf den Kleiderständer.
14 **Bank:** Ein *Blumenstrauß* liegt auf der Bank.
15 **Schrank:** Mit dem *Fuß* trete ich gegen den Schrank.
16 **Glas:** Auf eine sich drehende *Schallplatte* stelle ich ein Glas.
17 **Badewanne:** Ich spiele mit *Spielkarten* 17+4 in der Badewanne.
18 **Parkuhr:** Ich finde einen *Goldbarren* an einer Parkuhr.
19 **Hut:** Auf dem *Fernseher* liegt ein Hut.
20 **Schlittschuhe:** Ein *Computer* wird an den Schlittschuhen befestigt.

Wie Sie an diesem Beispiel erfahren, bedarf es keiner außergewöhnlichen Kreativität, um die Assoziationen aufzubauen. Wenn Sie innerlich für ca. drei Sekunden die Vorstellungsbilder sehen, dann prägen sich die Informationen erfahrungsgemäß für ca. zwei bis drei Tage automatisch ein. Danach verblassen die Assoziationen, was auch gewünscht ist, da die Schubkastenmethode 1–20 nur zur kurzfristigen Speicherung eingesetzt wird. Wird ein Auslöser zu schnell hintereinander benutzt, dann kann das zu Verwechslungen führen, sodass die vorhergehende Information noch abgerufen werden kann, die neue Information aber nicht mehr. Das stärkere, eindrucksvollere Bild setzt sich in diesem Fall durch und überlagert das neue Bild, das möglicherweise nicht so intensiv ist. In den häufigsten Fällen ist es aber so, dass Sie sich an beide bildhaften Vorstellungen erinnern können.

Trainieren Sie das Gedächtniskunststück erst im kleinen Kreis. Es ist die angenehmste Art und Weise, die Mnemotechnik zu üben und gleichzeitig noch andere Menschen zu unterhalten. Achten Sie darauf, dass Sie bei diesen Vorführungen nie die Botschaft: „Schau mal, wie gut ich bin!" vermitteln, das ist nicht unterhaltsam und bringt möglicherweise die Zuschauer dazu, es Ihnen besonders schwer zu machen. Weisen Sie auf ein interessantes Experiment hin, bei dem es um das Thema Gedächtnis geht und für dessen Vorführung Sie die Mithilfe aller Zuschauer brauchen.

Schubkastenmethode 1–20 in der Praxis

Es gibt viele Situationen, in denen man etwas nicht aufschreiben kann oder aufschreiben will. Eine Art geistiges Aufschreiben findet statt, wenn Sie die Schubkastenmethode 1–20 anwenden. Diese Methode leistet besonders dann gute Dienste, wenn Sie sich zu einem späteren Zeitpunkt wieder an eingeprägte Handlungsabläufe erinnern möchten und diese auf ein Erinnerungsstichwort gekürzt haben. Wie Sie Informationen auf ein Erinnerungsstichwort kürzen können, haben Sie schon bei der Anwendung der Witzkette und der Wissenskette erfahren.

Mal angenommen, Sie machen einen Rundgang durch den Betrieb und Ihnen werden verschiedene Mitteilungen überbracht oder Ihnen fällt zwischendurch etwas ein, was Sie sich im Moment nicht notieren wollen oder notieren können. Dafür können Sie in Zukunft die Schubkastenmethode 1–20 benutzen.

Bitte gehen Sie beim nachfolgenden Lesen schrittweise vor, denn nur durch das Lesen allein prägen sich die Informationen nicht behaltenswirksam ein. Versuchen Sie die Informationen innerlich bildhaft zu erleben und achten Sie beim Assoziieren unbedingt darauf, dass Sie die von mir vorgeschlagene oder Ihre eigene Assoziation einige Sekunden vor dem geistigen Auge wirklich sehen! Erst danach wechseln Sie zur nächsten Information.

- **Schubkasten 1 (Rennwagen)**
  Information: Sie sehen auf Ihrem Rundgang einen Teppich, der schon stark verschmutzt ist, und entscheiden, dass Sie sich merken wollen, zu veranlassen, dass dieser Teppich gereinigt wird.
  Kürzen auf ein Erinnerungsstichwort: Teppich

Assoziieren: Sehen Sie, wie ein Rennwagen über einen Teppich fährt.

- **Schubkasten 2 (Zwillinge)**
  Information: Ihnen fällt ein, dass Sie Ihre Zeitschriften gelegentlich durchsehen müssen.
  Kürzen auf ein Erinnerungsstichwort: Zeitschriften
  Assoziieren: Sehen Sie, wie Zwillinge in Zeitschriften blättern.

- **Schubkasten 3 (Dreirad)**
  Information: Ein Kollege bittet Sie zu überprüfen, ob für die Flugbuchung schon die Tickets eingetroffen sind.
  Kürzen auf ein Erinnerungsstichwort: Flugzeug (ein Flugzeug ist anschaulicher als Flugtickets)
  Assoziieren: Sehen Sie vor Ihrem geistigen Auge wie ein Dreirad in ein Flugzeug hineinfährt.

- **Schubkasten 4 (Kleeblatt)**
  Information: Sie werden gebeten einen, Werbemittelkatalog zu beschaffen.
  Kürzen auf ein Erinnerungsstichwort: Werbemittelkatalog
  Assoziieren: Stellen Sie sich vor, dass Sie ein Kleeblatt auf die Vorderseite eines Werbemittelkatalogs kleben.

- **Schubkasten 5 (Hand)**
  Information: Als Nächstes fällt Ihnen ein, dass inzwischen die neuen Büromöbel geliefert wurden und Sie nach dem Tisch schauen wollen, der für Sie bestimmt ist.
  Kürzen auf ein Erinnerungsstichwort: Tisch
  Assoziieren: Stellen Sie sich vor, wie Sie mit der Hand auf den Tisch schlagen.

- **Schubkasten 6 (Spielwürfel)**
  Information: Ein Kollege berichtet Ihnen von dem Problem mit den neu angelieferten Tapetenrollen, und Sie entscheiden sich, den Lieferanten anzurufen, um zu reklamieren.
  Kürzen auf ein Erinnerungsstichwort: Tapetenrolle
  Assoziieren: Stellen sich vor, dass Sie einen Spielwürfel durch eine Tapetenrolle fallen lassen.

- **Schubkasten 7 (Zwerge)**
  Information: Beim Treffen eines Kunden auf dem Flur werden Sie gebeten, ihm eine Visitenkarte von sich zu geben, und stellen fest, dass Sie nur noch eine einzige Karte haben und dringendst neue Visitenkarten bestellen müssen.
  Kürzen auf ein Erinnerungsstichwort: Visitenkarten
  Assoziieren: Sehen Sie, wie die Zwerge Visitenkarten verteilen.

- **Schubkasten 8 (Achterbahn)**
  Information: Ein Kollege bittet Sie, noch daran zu denken, Herrn Fuchs anzurufen.
  Kürzen auf ein Erinnerungsstichwort: Fuchs (falls Sie eine Person vom Aussehen her kennen, die Fuchs heißt, können Sie sich auch diese Person vorstellen).
  Assoziieren: Sehen Sie, wie auf der Achterbahn ein Fuchs hin und her springt.

- **Schubkasten 9 (Kegelbahn)**
  Information: Ihnen fällt plötzlich ein, dass Sie unbedingt Ihre Schuhe noch zum Schuster bringen wollen.
  Kürzen auf ein Erinnerungsstichwort: Schuhe
  Assoziieren: Sehen Sie auf einer Kegelbahn Schuhe stehen.

- **Schubkasten 10 (Sprungbrett)**
  Information: Ein weiterer privater Gedanke kommt Ihnen in den Sinn. Die Umzugskartons für den geplanten Umzug müssen noch besorgt werden.
  Kürzen auf ein Erinnerungsstichwort: Umzugskartons
  Assoziieren: Stellen sich jetzt vor, wie von einem Sprungbrett Umzugskartons heruntergeworfen werden.

- **Schubkasten 11 (Fußball)**
  Information: Ihnen fällt ein, dass das Diktiergerät zur Reparatur gebracht werden muss.
  Kürzen auf ein Erinnerungsstichwort: Diktiergerät
  Assoziieren: Sehen Sie, wie ein Fußball auf ein Diktiergerät fällt.

- **Schubkasten 12 (Standuhr)**
  Information: Sie werden gebeten, dafür zu sorgen, dass neues Klebeband bestellt wird.
  Kürzen auf ein Erinnerungsstichwort: Klebeband
  Assoziieren: Sehen Sie, wie Sie die Standuhr mit Klebeband umwickeln.

- **Schubkasten 13 (Katze)**
  Information: Ihnen fällt ein, dass Sie Briefmarken kaufen müssen.
  Kürzen auf ein Erinnerungsstichwort: Briefmarken
  Assoziieren: Sehen Sie eine Katze, die Briefmarken leckt.

- **Schubkasten 14 (Blumenstrauß)**
  Information: Ein Kollege bittet Sie am Fotokopierer nachzuschauen, ob dort seine Manuskripte liegen geblieben sind.
  Kürzen auf ein Erinnerungsstichwort: Fotokopierer

Assoziieren: Sehen Sie, wie Sie einen Blumenstrauß auf einen Fotokopierer legen und davon eine Fotokopie machen.

- **Schubkasten 15 (Fuß)**
  Information: Als Nächstes erhalten Sie die Information, dass die Firma Walter um einen Rückruf gebeten hat.
  Kürzen auf ein Erinnerungsstichwort: Wald (der Wald ist bildhafter als Walter)
  Assoziieren: Stellen Sie sich vor, dass Sie auf einem Fuß durch den Wald hüpfen.

- **Schubkasten 16 (Schallplatte)**
  Information: Sie verabreden sich für morgen Abend. Treffpunkt am Empfangstresen.
  Kürzen auf ein Erinnerungsstichwort: Empfangstresen
  Assoziieren: Stellen Sie sich vor, wie Sie versuchen, eine Schallplatte auf dem Empfangstresen abzuspielen.

- **Schubkasten 17 (Spielkarten)**
  Information: Sie diskutieren über die anstehende Vertretertagung und übernehmen die Aufgabe, die gemeinsame Busfahrt zu organisieren.
  Kürzen auf ein Erinnerungsstichwort: Bus
  Assoziieren: Stellen Sie sich vor, wie die Vertreter mit Spielkarten im Bus 17 + 4 spielen.

- **Schubkasten 18 (Goldbarren)**
  Information: Ihnen fällt ein, dass gestern die Fernbedienung für den Fernseher nicht funktioniert hat und Sie unbedingt noch daran denken müssen, neue Batterien zu besorgen.
  Kürzen auf ein Erinnerungsstichwort: Batterien
  Assoziieren: Stellen Sie sich vor, wie Sie an einem Goldbarren Batterien befestigen.

- **Schubkasten 19 (Fernseher)**
  Information: Auf Grund einer kurzen Diskussion mit einem Kollegen ergibt sich, dass Sie entscheiden, das gebuchte Hotelzimmer im Hotel Zur Linde abzubestellen.
  Kürzen auf ein Erinnerungsstichwort: Linde
  Assoziieren: Sehen Sie aus dem Fernseher eine Linde wachsen.

- **Schubkasten 20 (Computer)**
  Information: Abschließend kommt Ihnen noch der private Gedanke in den Sinn, dass Sie noch eine neue Krawatte benötigen.
  Kürzen auf ein Erinnerungsstichwort: Krawatte
  Assoziieren: Stellen Sie sich vor, dass Sie um einen Computer eine Krawatte binden.

Nach dem Rundgang durch den Betrieb sind Sie wieder in Ihrem Büroraum angekommen und sitzen am Schreibtisch. Nun ziehen Sie Ihre geistigen Schubkästen auf, um die einzelnen Erinnerungsstichwörter abzurufen. Sie erinnern sich an das, was Sie alles erledigen wollen. Diese Erinnerungsstichwörter werden nun aufgeschrieben. Termine werden in den Terminkalender eingetragen, das, was heute erledigt werden soll, erhält einen Eintrag im Tagesplan, und alle anderen Stichwörter landen in einer Aktivitätenliste. Versuchen Sie sich jetzt an die gespeicherten Informationen zu erinnern. An den nachfolgenden Beispielen können Sie die arbeitsmethodische Vorgehensweise nachvollziehen, wohin die einzelnen Erinnerungsstichwörter notiert werden könnten:

- **Schubkasten 1:** Teppichreinigung veranlassen. Sie notieren Teppich oder Teppichreinigung im Tagesplan, weil Sie das heute noch erledigen wollen.

- **Schubkasten 2:** Zeitschriften durchsehen. Sie notieren Zeitschriften in Ihrer Aktivitätenliste, da die Dringlichkeit nicht gegeben ist und Sie im Moment noch nicht festlegen wollen, wann sie das erledigen möchten.
- **Schubkasten 3:** Flugticket eingetroffen? Sie machen einen Eintrag Flug oder Flugticket im Tagesplan, weil das heute noch erledigt werden soll.
- **Schubkasten 4:** Werbemittelkatalog bestellen. Sie entscheiden, das morgen Vormittag zu erledigen, und machen einen Eintrag in den Terminkalender.
- **Schubkasten 5:** Nach dem Tisch fragen. Sie fragen sofort telefonisch nach, daher kein Eintrag.
- **Schubkasten 6:** Reklamation der Tapetenlieferung. Sie entscheiden, das übermorgen Nachmittag zu erledigen, und tragen Tapetenreklamation in den Terminkalender ein.
- **Schubkasten 7:** Neue Visitenkarten drucken lassen. Sie tragen Visitenkarten in den Tagesplan ein, weil Sie das heute noch erledigen wollen.
- **Schubkasten 8:** Herrn Fuchs anrufen. Sie erledigen das sofort und machen deshalb keinen Eintrag.
- **Schubkasten 9:** Schuhe zum Schuster. Sie entscheiden, das heute Abend zu erledigen, und notieren Schuhe oder Schuster im Tagesplan.
- **Schubkasten 10:** Umzugskartons besorgen. Sie entscheiden, das am Dienstag in der nächsten Woche zu erledigen, und schreiben in Ihren Terminkalender Umzugskartons.
- **Schubkasten 11:** Diktiergerät muss zur Reparatur. Keine eilige Sache, da Sie es ohnehin selten benutzen. Sie notieren Diktiergerät in der Aktivitätenliste.
- **Schubkasten 12:** Klebeband soll bestellt werden. Kein Eintrag, da Sie die Information sofort an den zuständigen Kollegen weitergeben.

- **Schubkasten 13:** Briefmarken besorgen. Da Sie am Mittwoch in der nächsten Woche ganz in der Nähe der Post sind, entscheiden Sie sich, das zu diesem Zeitpunkt zu erledigen, und schreiben Briefmarken in Ihren Terminkalender an die entsprechende Stelle.
- **Schubkasten 14:** Manuskripte beim Fotokopierer liegen geblieben. Sie schauen sofort nach, da der Fotokopierer nur einige Schritte entfernt steht. Kein Eintrag.
- **Schubkasten 15:** Firma Walter bittet um Rückruf. Auf dieses Gespräch wollen Sie sich noch vorbereiten und erst dann zurückrufen. Sie machen sich einen Eintrag im Tagesplan und schreiben Walter auf.
- **Schubkasten 16:** Morgen Abend ist Treffpunkt am Empfangstresen. Sie tragen das in Ihren Terminkalender ein und schreiben Empfang auf.
- **Schubkasten 17:** Busfahrt organisieren. Das hat noch etwas Zeit, und Sie wollen sich noch nicht festlegen, wann Sie das erledigen möchten. Deshalb machen Sie einen Eintrag in die Aktivitätenliste, in die Sie Busfahrtorganisation schreiben.
- **Schubkasten 18:** Batterien kaufen. Sie machen einen Eintrag in Ihren Tagesplan, weil Sie das heute Abend noch erledigen möchten. Sie notieren Batterien oder Fernbedienung.
- **Schubkasten 19:** Hotelzimmer im Hotel Zur Linde soll abbestellt werden. Sie entscheiden, das Telefongespräch sofort zu führen, und machen deshalb keinen Eintrag.
- **Schubkasten 20:** Krawatte kaufen. Das ist noch nicht so wichtig, und Sie machen deshalb einen Eintrag in der Aktivitätenliste, in die Sie Krawattenkauf schreiben.

Durch die Einträge im Tagesplan, im Terminkalender und in der Aktivitätenliste sind Sie sicher, dass Sie nichts vergessen können. Ist eine Aktivität erledigt, streichen Sie das Stichwort durch.

Einige Informationen haben damit zu tun, etwas zu besorgen, etwas einzukaufen. Manche Seminarteilnehmer haben sich entschieden, zusätzlich zur Aktivitätenliste einen Extrazettel anzulegen, in dem alles eingetragen wird, was noch eingekauft werden muss. Dadurch wird die Aktivitätenliste übersichtlicher.

Wenn alle Informationen aus den Schubkästen von 1–20 irgendwo festgehalten wurden, können die Auslöser wieder zur Speicherung von Informationen benutzt werden. Bei einer erneuten Speicherung mit dem Auslöser wird die alte Gedankenverbindung durch die neue Gedankenverbindung überlagert. Wenn Sie die Schubkastenmethode 1–20 schnell hintereinander anwenden, ist es wichtig, sich länger auf die neue Gedankenverbindung zu konzentrieren und das Gedankenbild intensiv mit Gefühlen von Freude und Begeisterung zu verknüpfen, damit verringert sich die Gefahr, dass sich die alte Information gegenüber der neuen Information als Erinnerung durchsetzt.

Durch die Anwendung der Methode als Gedächtnisdemonstration und durch ihre Anwendung in der Praxis sammeln Sie genügend Erfahrung, wie Sie eventuelle Schwierigkeiten vermeiden können. Bitte berücksichtigen Sie, dass die Schubkastenmethode 1–20 nur für die Kurzzeitspeicherung gedacht ist. Die Schubkästen müssen zwischendurch entleert werden, und es muss eine Entscheidung getroffen werden, wie Sie mit der dort gespeicherten Information weiterverfahren wollen.

Im Moment empfehle ich arbeitsmethodisch vorzugehen und Ihre Erinnerungsstichwörter im Terminkalender, im Tagesplan, in der Aktivitätenliste oder der Einkaufsliste einzutragen. Wenn Sie genügend Erfahrungen mit der Mnemotechnik gesammelt haben, können Sie auf das Aufschreiben von Handlungsabläufen ganz verzichten, indem Sie die noch nicht ausgeführten Aktivitäten mit Raumauslösern verbinden, eine Einkaufskette entwickeln und die Aktivitäten aus dem Tagesplan mit den Schreibtischauslösern assoziieren. Termine müssten dann unter Anwendung der Mnemotechnik-Zahlenwortmethode behalten werden, was aber nicht wirklich notwendig ist, da nichts gegen den Eintrag in einen Terminkalender spricht.

7
Mnemotechnik: Schubkastenmethode A–Z

Auslöser von A–Z

Ähnlich wie bei der Schubkastenmethode 1–20, bei der die Zahlen von 1–20 in Bilder umgesetzt werden, gibt es die Möglichkeit, mit den Buchstaben von A–Z bildhafte Auslöser zu gestalten. Das zusätzliche Auslösersystem von 26 Schubkästen verschafft Ihnen mehr Speicherplatz. Für die Praxis haben Sie damit genügend Auslöser zur kurzfristigen Speicherung von Informationen zur Verfügung.

Bei der Schubkastenmethode A–Z stellen Sie sich die Frage: Was für ein Gegenstand sieht von der Form her einigermaßen ähnlich aus wie ein groß geschriebenes A, was sieht von der Form einigermaßen ähnlich aus wie ein groß geschriebenes B … bis hin zum Buchstaben Z. Legen Sie für sich nachfolgend fest, welchen Gegenstand Sie bei welchen Buchstaben in Zukunft sehen wollen. Zur Anregung habe ich einige Vorschläge gemacht, wofür sich die Seminarteilnehmer häufig entschieden haben. Sie können etwas aus diesen Vorschlägen auswählen oder eigene Gegenstände als Auslöser festlegen, zu denen Sie einen besseren Bezug haben. Die späteren Beispiele sind mit den fettgedruckten Auslösern aufgebaut. Es ist jedoch für Sie leicht möglich, die Beispiele auf Ihre bildhaften Vorstellungen zum Buchstaben umzugestalten.

Auslöser für die Schubkästen von A–Z

A	**Zelt**, Dachgiebel, Leiter, Eiffelturm
B	**Brezel**, Busen
C	**Mondsichel**, Banane
D	**Bogensäge**, Bogen, Brot
E	**Kamm**, Harke
F	**Fahne**, Rohrzange, Schieblehre, Föhn
G	**Sessellift**, Gondel, Gebiss, Sessel
H	**Turnreck**, Hosenträger, Hantel
I	**Säule**, Stock, Bleistift
J	**Hockeyschläger**, Angelhaken
K	**Kran**, Futterkrippe, Kleiderhaken, Tapeziertisch
L	**Stiefel**, Buchstütze, Winkel
M	**Hängebrücke**, Kopfkissen
N	**Zollstock**, Kompass
O	**Ei**, Ball, Ring
P	**Schmetterlingsnetz**, Sieb, Schirmmütze
Q	**Quelle**, Tischtennisschläger, Lupe
R	**Rutschbahn**, Eisportionierer
S	**Schlange**, S-Bahn
T	**Rouletteschieber**, Stehtisch, Hammer, Schirm
U	**Hufeisen**, Magnet, Glas
V	**Eistüte**, Schultüte
W	**Wellen**, Zitronenpresse
X	**Wäscheständer**, Warnschild
Y	**Steinschleuder**, Wünschelrute, Sektglas
Z	**Schwan**, Spiralfeder, Hebebühne

Der verrückteste Vorschlag, den ich im Seminar bei dem Buchstaben M gehört habe, war ein durchgerittenes Pferd! In einem anderen Seminar schlug jemand für Z den Zeppelin vor, worauf ein Seminarteilnehmer diesen Vorschlag mit dem Hinweis kritisierte: „Ein Zeppelin sieht doch nicht so ähnlich aus wie ein Z." Die trockene Antwort des Kritisierten: doch, wenn er abgebrannt ist!

Egal für welche Auslöser Sie sich entscheiden, wichtig ist nur, die Auslöser von A–Z gut auswendig zu lernen, damit Sie in der Lage sind, ohne Nachdenken beim Abruf eines Buchstabens von A–Z, die bildhafte Vorstellung deutlich vor Ihrem geistigen Auge zu sehen.

Informationsspeicherung

Die Schubkastenmethode A–Z wird beim Zuhören eingesetzt, um kurzfristig größere Informationsmengen abzuspeichern. Die Anwendung der Methode können Sie sehr gut mit dem Abspeichern von Witzen trainieren. Dabei gehen Sie wie folgt vor:

Witze richtig merken

- Sie hören demjenigen, der den Witz erzählt, aufmerksam zu, dabei prägen sich die meisten Witze Ihrem Gedächtnis auf natürliche Art und Weise ein. Besonders gut werden die bildhaft ausgeschmückten Witze behalten und die Witze, über die Sie lachen können.
- Sie kürzen die Information auf ein Erinnerungsstichwort, also ein Stichwort, von dem Sie glauben, dass Sie sich darüber später wieder an den eigentlichen Witz erinnern können.
- Sie stellen sich den nächsten freien Auslöser vor, bildhaft beschrieben, ziehen Sie Ihren nächsten freien Schubkasten (A–Z) auf, um dort etwas hineinzutun.
- Sie verbinden mnemotechnisch das festgelegte Stichwort mit Ihrem Auslöser. Sie sehen dabei zuerst Ihren Auslöser und verbinden gedanklich vom Auslöser weg hin zum Stichwort. Die mnemotechnisch assoziierten Gedankenbilder bleiben ungefähr drei Tage ziemlich sicher eingeprägt.
- Bildhaft beschrieben, öffnen Sie innerhalb eines Zeitraums von drei Tagen Ihre Schubkästen von A–Z und versuchen sich über das Erinnerungsstichwort wieder an den eigentlichen Witz zu erinnern.
- Sie beschäftigen sich mit dem Witz und treffen die Entscheidung, was Sie mit dem Witz anfangen wollen. Sie

können ihn verwerfen, weil Sie den Witz für sich als nicht unbedingt behaltenswert einstufen. Sie können die Entscheidung treffen, den Witz mit Stichwörtern zu notieren. Oder Sie treffen die Entscheidung, den Witz langfristig aus dem Gedächtnis abrufen zu wollen.

- Für die Langfristspeicherung der Witze können Sie wie die meisten Seminarteilnehmer das Prinzip der Raumauslöser benutzen, indem die einzelnen Witze mit den Gegenständen aus dem Wohnzimmer gedanklich verbunden werden oder eine Witzkette bilden.
- Damit die Witze auch gut erzählt werden können, erfolgt ein inwendiges Lernen, das bedeutet, über die Gegenstände im Wohnzimmer werden die mnemotechnischen Assoziationen wieder abgerufen, der Witz fällt Ihnen ein, und Sie können sich damit beschäftigen, wie Sie ihn am besten erzählen.

Die hier beschriebene Vorgehensweise ist natürlich nicht nur auf Witze beschränkt. Genauso können Sie andere Informationen mit der Schubkastenmethode A–Z abspeichern. Zur Übung werden Sie nachfolgend 26 Witze finden, die sich zufällig bei den Übungen im Seminar ergeben haben. Diese Witze wurden unbewertet übernommen und sind nur als Mittel zum Zweck gedacht, die Speicherung mit der Schubkastenmethode A–Z zu trainieren. Selbst wenn Sie die nachfolgenden Witze nicht mögen oder grundsätzlich gegen Witze eingestellt sein sollten, empfehle ich Ihnen, diese Übung nachzuvollziehen, denn Sie trainieren damit die richtige Vorgehensweise bei der Anwendung der Schubkastenmethode A–Z zur kurzfristigen Speicherung von Informationen. Denken Sie bitte wieder daran, schrittweise vorzugehen und die Assoziation einige Sekunden vor dem geistigen Auge zu sehen, bevor Sie sich mit dem nächsten Witz beschäftigen.

- **Schubkasten A (Zelt)**
  Information: Im Wartezimmer eines Psychiaters führt sich jemand andauernd wie Napoleon auf. Fragt einer: „Wer hat Ihnen eigentlich gesagt, dass Sie Napoleon sind?“ Die Antwort: „Das hat mir der liebe Gott gesagt!“ Meldet sich eine Fistelstimme aus dem Hintergrund: „Was soll ich gesagt haben?“
  Kürzen auf ein Erinnerungsstichwort: Napoleon
  Assoziieren: Sehen Sie, wie aus einem Zelt Napoleon herauskommt.

- **Schubkasten B (Brezel)**
  Information: „Woran erkennt man bei einem Radrennen den freundlichsten Radrennfahrer?“ – „An den Fliegen zwischen den Zähnen.“
  Kürzen auf ein Erinnerungsstichwort: Radrennfahrer
  Assoziieren: Sehen Sie eine Brezel, die vom Radrennfahrer gegessen wird.

- **Schubkasten C (Mondsichel)**
  Information: Ein Ostfriese fährt zum ersten Mal in Hamburg Taxi. Neugierig fragt er den Fahrer nach dem Stern auf der Kühlerhaube. Der Taxifahrer will ihn auf den Arm nehmen und antwortet: „Das ist eine Zieleinrichtung, die brauche ich zur Rentnerjagd. Für jeden Rentner, den ich überfahre, bekomme ich von der Rentenversicherung 100 Euro Prämie.“ Kaum gesagt, und schon läuft eine alte Frau über die Straße. Der Taxifahrer fährt voll auf sie zu und weicht erst im letzten Moment aus. Da gibt es einen Schlag, und er sieht im Rückspiegel, wie die Frau auf der Straße liegt. Meint der Ostfriese: „Das Visier muss nachgestellt werden, denn hätte ich nicht im letzten Moment die Tür aufgerissen, dann würdest du die 100 Euro jetzt nicht bekommen!“
  Kürzen auf ein Erinnerungsstichwort: Taxi

Assoziieren: Sehen Sie, wie der Mond das Taxi anstrahlt und das Mondlicht vom Mercedes-Stern reflektiert wird.

- **Schubkasten D (Bogensäge)**
  Information: „Warum kann ein Skelett keinen Führerschein machen?“ – „Weil es schon immer beim Sehtest durchfällt.“
  Kürzen auf ein Erinnerungsstichwort: Skelett.
  Assoziieren: Sehen Sie, wie jemand mit einer Bogensäge ein Skelett durchsägt.

- **Schubkasten E (Kamm)**
  Information: Ein Blinder und ein Tauber wollen sich duellieren. Fragt der Blinde seinen Sekundanten: „Ist der Taube schon da?“ Fragt der Taube seinen Sekundanten: „Hat der Blinde schon geschossen?“
  Kürzen auf ein Erinnerungsstichwort: Blinde/Taube
  Assoziieren: Sehen Sie einen Kamm, den auf der einen Seite ein Blinder und auf der anderen Seite ein Tauber festhält.

- **Schubkasten F (Fahne)**
  Information: Der Chef ärgert sich über einen sehr langsamen Mitarbeiter. Mit zynischer Stimme fragt er ihn: „Sagen Sie, geht bei Ihnen auch irgendetwas schnell?“ Darauf der Mitarbeiter schlagfertig: „Ja, ich werde schnell müde!“
  Kürzen auf ein Erinnerungsstichwort: Mitarbeiter
  Assoziieren: Unter einer Fahne schläft ein Mitarbeiter.

- **Schubkasten G (Sessellift)**
  Information: Ein Grubenarbeiter stottert in kritischen Situationen. Der Arzt rät ihm, in solchen Situationen, anstatt zu sprechen, zu singen. Einige Tage später, bei der Arbeit unter Tage, sieht der Grubenarbeiter plötzlich Flammen.

Er rast zum Telefon und singt: „Die Grube brennt, die Grube brennt ...“ Daraufhin ertönt es aus der Telefonmuschel: „Fiderallalla, fiderallallallallaaaaa!“
Kürzen auf ein Erinnerungsstichwort: Grubenarbeiter
Assoziieren: Sehen Sie eine Gondel, die über einer Grube hängt, aus der ein Grubenarbeiter schaut.

- **Schubkasten H (Turnreck)**
  Information: „Wie vermehren sich die Stachelschweine?“ – „Ganz, ganz vorsichtig!“
  Kürzen auf ein Erinnerungsstichwort: Stachelschweine
  Assoziieren: Am Turnreck schaukeln Stachelschweine.

- **Schubkasten I (Säule)**
  Information: Zwei Männer haben Streit. Plötzlich liegt der eine am Boden. Völlig erstaunt fragt er den anderen: „Wie ging denn das?“ Daraufhin der andere überheblich: „Das ging auf japanisch mit Judo!“ Kurze Zeit später liegt der andere am Boden und fragt: „Wie ging denn das?“ Darauf der andere: „Das ging auch auf japanisch mit meinem Schraubenschlüssel vom Toyota!“
  Kürzen auf ein Erinnerungsstichwort: Schraubenschlüssel
  Assoziieren: Sehen Sie an einer Säule einen Schraubenschlüssel hängen.

- **Schubkasten J (Hockeyschläger)**
  Information: Ein Zebra kommt auf einen Bauernhof und fragt die anderen Tiere, wozu sie da sind. Bereitwillig geben sie Auskunft. Dann geht das Zebra zum Hengst in den Pferdestall und fragt: „Wozu bist du da?“ Darauf der Hengst: „Zieh erst mal deinen Schlafanzug aus, dann zeige ich dir, wozu!“
  Kürzen auf ein Erinnerungsstichwort: Zebra
  Assoziieren: Sehen Sie einen Hockeyschläger, den ein Zebra im Maul hält.

- **Schubkasten K (Kran)**
Information: Der Psychiater zu seinem neuen Patienten: „So, nun erzählen Sie mal, wie war das am Anfang mit Ihnen?" Daraufhin der Patient: „Am Anfang schuf ich Himmel und Erde!"
Kürzen auf ein Erinnerungsstichwort: Himmel/Erde
Assoziieren: Sehen Sie einen Kran, der fast in den Himmel reicht. Im Kran sitzt der Patient und versetzt mit dem Kran die Erde.

- **Schubkasten L (Stiefel)**
Information: „Was ist ein Streber?" – „Jemand, der als Letzter in eine Drehtür hineingeht und als Erster wieder herauskommt!"
Kürzen auf ein Erinnerungsstichwort: Drehtür
Assoziieren: Ein Mensch mit Stiefeln geht ganz schnell durch eine Drehtür.

- **Schubkasten M (Hängebrücke)**
Information: Der Reisende zum Schlafwagenschaffner: „Bitte wecken Sie mich in Koblenz. Ich habe einen sehr festen Schlaf – notfalls werfen Sie mich mit Gewalt heraus – in Koblenz muss ich aussteigen!" Der Schaffner bestätigt und streicht das Trinkgeld ein. Erst in Köln erwacht der Mann, der in Koblenz aussteigen wollte. Er ruft wutschnaubend nach dem Schaffner. Schimpfend macht er den Schlafwagenschaffner zur Schnecke. Schließlich beendet er seine Tiraden erschöpft mit: „So, da haben Sie Ihr Fett, Sie verdammter Trottel!" Da lächelt der Schaffner milde und meint: „Ach mein Herr, da hätten Sie erst mal den schimpfen hören sollen, den ich in Koblenz aus dem Zug gesetzt habe!"
Kürzen auf ein Erinnerungsstichwort: Schlafwagenschaffner/Zug

Assoziieren: Sehen Sie eine Hängebrücke. Auf der Hängebrücke steht ein Zug, und der Schlafwageschaffner befördert jemanden aus dem Zug.

- **Schubkasten N (Zollstock)**
  Information: „Warum essen die Ostfriesen keine eingemachten Gurken?“ – „Weil sie mit dem Kopf nicht in das Glas reinkommen!“
  Kürzen auf ein Erinnerungsstichwort: Gurkenglas
  Assoziieren: Ein Zollstock steckt im Gurkenglas.

- **Schubkasten O (Ei)**
  Information: Auf einem kleinen Fluss in Afrika geht ein Touristenschiff unter. Hungrig stürzen sich die Krokodile vom Ufer in das Wasser. Meint der eine schwimmende Tourist zum anderen: „Das ist typisch dritte Welt – nichts zu essen für die Leute, aber die Rettungsboote von Lacoste!“
  Kürzen auf ein Erinnerungsstichwort: Krokodil
  Assoziieren: Sehen Sie, wie ein Tourist mit einem Ei nach dem Krokodil wirft.

- **Schubkasten P (Schmetterlingsnetz)**
  Information: „Woran erkennt man, dass ein Ostfriese am Computer gearbeitet hat?“ – „Am Tipp-Ex auf dem Bildschirm!“
  Kürzen auf ein Erinnerungsstichwort: Tipp-Ex
  Assoziieren: Sehen Sie im Schmetterlingsnetz mehrere Streifen Tipp-Ex liegen.

- **Schubkasten Q (Quelle)**
  Information: In allen Zimmern des Palast-Hotels liegt eine Bibel mit dem Hinweis: „Wenn Sie Hilfe und Trost suchen, dann wählen Sie im Buch Hiob das Kapitel 19, Vers 29.“ Unter dem angegebenen Kapitel steht von zarter

Damenhand geschrieben: „Und wenn Sie das nicht trösten kann, dann rufen Sie mich an – wählen Sie die Telefonnummer: 34 65 66.“
Kürzen auf ein Erinnerungsstichwort: Bibel
Assoziieren: Sehen Sie eine Quelle, an der eine Bibel liegt.

- **Schubkasten R (Rutschbahn)**
Information: Der Sohn zum Vater: „Papi, was ist ein Transvestit?“ – „Geh zu Mutti und frag den!“
Kürzen auf ein Erinnerungsstichwort: Transvestit
Assoziieren: Sehen Sie, wie auf der Rutschbahn ein Transvestit steht und die Bahn herunterrutscht.

- **Schubkasten S (Schlange)**
Information: Zwei Menschenfresser verspeisen gerade einen Clown. Sagt der eine Menschenfresser zum anderen: „Irgendwie schmeckt der komisch!“
Kürzen auf ein Erinnerungsstichwort: Clown
Assoziieren: Sehen Sie eine Schlange, die einen Zirkusclown beißt.

- **Schubkasten T (Rouletteschieber)**
Information: Ein Beamter sitzt gedankenverloren an seinem Schreibtisch. Plötzlich erscheint eine Fee und spricht: „Du hast drei Wünsche frei!“ Der Beamte wünscht sich auf eine einsame Insel – es macht schwupp, und er befindet sich auf einer sonnigen, einsamen Insel. Wieder erscheint die Fee und spricht: „Du hast noch zwei Wünsche frei!“ Der Beamte wünscht sich schöne Frauen auf die Insel – es macht schwupp, und die schönsten Frauen liegen zu seinen Füßen. Wieder erscheint die Fee und spricht: „Du hast noch einen Wunsch frei!“ Der Beamte überlegt einen kurzen Augenblick und sagt: „Ich wünsche mir, dass ich nie wieder arbeiten muss!“ Es macht

schwupp, und der Beamte saß wieder an seinem Schreibtisch.
Kürzen auf ein Erinnerungsstichwort: Beamter/Schreibtisch
Assoziieren: Sehen Sie einen Rouletteschieber, mit dem ein Beamter an seinem Schreibtisch spielt.

- **Schubkasten U (Hufeisen)**
  Information: Franz kommt weinend zur Mutter. „Vater hat sich mit dem Hammer auf den Daumen geschlagen.“ – „Aber da brauchst du doch nicht gleich zu weinen!“ – „Zuerst habe ich ja auch gelacht!“
  Kürzen auf ein Erinnerungsstichwort: Hammer
  Assoziieren: Sehen Sie ein Hufeisen, auf das Sie mit einem Hammer schlagen.

- **Schubkasten V (Eistüte)**
  Information: Ein Mann kommt in ein Zoogeschäft und fragt: „Haben Sie zufällig einen sprechenden Papagei?“ – „Nein, aber ich hätte da einen Specht.“ – „Ach, kann der denn sprechen?“ – „Nein, aber morsen.“
  Kürzen auf ein Erinnerungsstichwort: Specht
  Assoziieren: Sehen Sie eine Eistüte, an der ein Specht hängt und mit seinem Schnabel auf der Eistüte herumhackt.

- **Schubkasten W (Wellen)**
  Information: „Herr Doktor, mit mir ist etwas nicht in Ordnung!“, beschwert sich der 92-jährige ältere Herr beim Arzt. „Ich laufe in meinem hohen Alter immer noch hinter den jungen Mädchen her!“ – „Aber das ist doch ein Zeichen äußerster Vitalität und völlig in Ordnung!“, beruhigt ihn der Arzt. „Nun ja – aber ich kann mich nicht erinnern, weswegen ich denen nachlaufe!“
  Kürzen auf ein Erinnerungsstichwort: Alter Mann

Assoziieren: Sehen Sie Wellen, in denen der alte Mann den jungen Mädchen hinterherschwimmt.

- **Schubkasten X (Wäscheständer)**
  Information: „Gerade komme ich aus der Kunstausstellung. Ihre Bilder waren die einzigen, die man sich ansehen konnte." – „Oh, danke." – „Ja, vor den anderen standen immer so viele Menschen!"
  Kürzen auf ein Erinnerungsstichwort: Kunstbilder
  Assoziieren: Sehen Sie an einem Wäscheständer die Kunstbilder hängen.

- **Schubkasten Y (Steinschleuder)**
  Information: Im Zoo ist der letzte Gorilla gestorben. Ein Sportstudent übernimmt gegen gute Bezahlung die Rolle. Er brüllt, klettert, hängt sich an ein Seil und schwingt und schwingt – und rutscht ab und landet im Löwenkäfig. „Hilfe, Hilfe!", schreit der Student. Da flüstert ihm ein Löwe zu: „Sei bloß ruhig, sonst sind wir beide den Job los!"
  Kürzen auf ein Erinnerungsstichwort: Gorilla
  Assoziieren: Sehen Sie, wie jemand mit einer Steinschleuder auf den Gorilla zielt.

- **Schubkasten Z (Schwan)**
  Information: Ein Junge und ein Mädchen werden geboren und fliegen mit dem Storch über Land an ihren Bestimmungsort. Sagt der Junge: „Du, kommst du auch zur Welt?" – „Na, glaubst du vielleicht, dass sie mich als Stewardess mitgeschickt haben?"
  Kürzen auf ein Erinnerungsstichwort: Storch/Babys
  Assoziieren: Sehen Sie einen Schwan, der neben einem Storch mit Babys fliegt.

Gehen Sie nun mental die Buchstaben von A–Z durch. Ihnen fällt wieder der bildhafte Auslöser ein, und Sie können sich an die Assoziation erinnern, die Sie vor Ihrem geistigen Auge aufgebaut haben. Probieren Sie, ob Sie in der Lage sind, den Witz sinngemäß richtig zu erzählen. Bitte vergessen Sie danach nicht, die Schubkästen wieder frei zu machen, indem Sie die Stichwörter für die Witze, die Sie langfristig behalten wollen, aufschreiben, eine Kette bilden oder die Witze mit den Wohnzimmerauslösern verbinden.

In einer weiteren Anwendung können Sie trainieren, 26 Haushaltstipps mit der Schubkastenmethode A–Z zu behalten. Die Vorgehensweise zum Speichern der Informationen erfolgt wie bei den Witzen.

In den Seminaren werden die Teilnehmer gebeten, sich an zwei Haushaltstipps zu erinnern und diese den anderen Seminarteilnehmern mitzuteilen. So werden die Auslöser von A–Z beim Zuhören mit Informationen gefüllt. Nachfragen, um die Information richtig zu verstehen, ist erlaubt und sinnvoll. Bei dieser Übung ist nur der Buchstabe für den Schubkasten angegeben. Sie sollten deshalb in der Lage sein, zu jedem einzelnen Buchstaben die bildhaften Auslöser aus Ihrem Gedächtnis abrufen zu können. Kürzen Sie die Information und versuchen Sie, eine mnemotechnische Assoziation aufzubauen.

Die nachfolgenden Haushaltstipps wurden in einem Seminar von den Teilnehmern als Beitrag geliefert:

- **Schubkasten A:** Wenn man Nelken in ein Vase stellt, die mit Zitronenlimonade gefüllt ist, dann halten diese länger.
- **Schubkasten B:** Silberkettchen werden nach einem heißen Kernseifenbad wieder strahlend.

- **Schubkasten C:** Alte Aufkleber und Etiketten kann man entfernen, wenn man diese mit einem heißen Föhn anbläst.
- **Schubkasten D:** Wenn man Schrauben an einem Stück Seife entlang streicht, lassen sich diese leichter eindrehen.
- **Schubkasten E:** Eine Zitrone, die vorher in heißes Wasser gelegt wird, ist anschließend ergiebiger.
- **Schubkasten F:** Käse kann man mit einem stumpfen Messer besser schneiden.
- **Schubkasten G:** Knoblauchgeruch an den Händen wird man mit weichem Kaffeesatz los.
- **Schubkasten H:** Wenn man ein Wachstuch mit kalter Milch reinigt, bleibt es geschmeidig.
- **Schubkasten I:** Sollten nach der Autowäsche Wachsrückstände auf der Scheibe sein, so lassen sich diese mit einem Tuch abreiben, das zuvor mit Cola getränkt wurde.
- **Schubkasten J:** Wenn man Autoantennen mit Kerzenwachs einreibt, lassen sich diese mühelos ein- und ausfahren.
- **Schubkasten K:** Schnittblumen bleiben länger frisch, wenn man frische Tannenzweige mit in die Vase gibt.
- **Schubkasten L:** Wenn Hemdkragen stark verschmutzt sind, dann empfiehlt es sich, diese vor dem Waschen mit etwas Haarshampoo einzureiben.
- **Schubkasten M:** Gardinen werden wieder weiß, wenn man diese nach dem Waschvorgang in handwarmes Wasser legt, in dem man zuvor einige Tütchen Backpulver aufgelöst hat.
- **Schubkasten N:** Grasflecken in Jeans lassen sich besser entfernen, wenn man diese vor dem Waschen mit Spülmittel einreibt.

- **Schubkasten O:** Mit Zahnpasta kann man kleine Kratzer auf Glastischen wegpolieren.
- **Schubkasten P:** Wenn man einen neuen kratzenden Pullover einige Tage in die Tiefkühltruhe legt, ist die Wolle danach ganz flauschig und weich.
- **Schubkasten Q:** Wenn man Alufolie auf die Herdplatte legt, kann man darauf Brot rösten.
- **Schubkasten R:** Fettspritzer beim Braten kann man dadurch vermeiden, wenn man vorher die Pfanne mit Salz auswischt.
- **Schubkasten S:** Wenn man Apfelsinen in Seidenpapier einwickelt und trocken lagert, bleiben diese länger frisch.
- **Schubkasten T:** Dunkle Stellen an den Zähnen kann man dadurch entfernen, indem man die Zähne einige Male mit Zitronensaft bürstet.
- **Schubkasten U:** Wenn sich Tuben nicht mehr öffnen lassen, dann empfiehlt sich, diese einige Zeit in heißes Wasser zu legen.
- **Schubkasten V:** Der Geruch frischer Farbe verzieht sich schneller, wenn man einige Gefäße mit Salzwasser aufstellt.
- **Schubkasten W:** Mit einer Zwiebelhälfte lassen sich Schneeränder von Schuhen gut beseitigen.
- **Schubkasten X:** Rotweinflecken auf dem Teppich lassen sich entfernen, indem man sie mit Salz bestreut, es einwirken lässt und dann absaugt.
- **Schubkasten Y:** Mit Nagellackentferner lassen sich Flecken von Alleskleber gut beseitigen.
- **Schubkasten Z:** Tomaten werden wieder schnittfest, wenn man diese eine Zeit lang in eiskaltes Wasser legt.

Versuchen Sie sich nun an alle Haushaltstipps zu erinnern, indem Sie die bildhaften Auslöser zu den Buchstaben von A–Z innerlich abrufen. Sollten Sie noch Schwierigkeiten haben, die mnemotechnischen Assoziationen zu entwickeln, dann lesen Sie sich bitte die nachfolgenden Vorschläge durch:

- **Schubkasten A (Zelt):** In einem Zelt stehen in einer Flasche Nelken mit Zitronenlimonade.
- **Schubkasten B (Brezel):** An einer Brezel hängt ein Silberkettchen und daran ein Stück Kernseife.
- **Schubkasten C (Mondsichel):** An der Mondsichel sieht man einen befestigten Aufkleber, der mit einem Föhn angeblasen wird.
- **Schubkasten D (Bogensäge):** An der Bogensäge werden Schrauben gelöst. Eine Schraube wird mit Seife eingerieben.
- **Schubkasten E (Kamm):** Auf einem Kamm wird eine Zitrone balanciert, die anschließend ins heiße Wasser fällt.
- **Schubkasten F (Fahne):** An der Fahne hängt ein stumpfes Messer und daran ein Stück Käse.
- **Schubkasten G (Gondel):** Nach Knoblauch riechend und in der Gondel sitzend reibt man sich die Hände mit Kaffeesatz.
- **Schubkasten H (Turnreck):** Über ein Turnreck hängt ein Wachstuch. Darunter steht eine Flasche Milch.
- **Schubkasten I (Säule):** An der Säule steht ein Auto. Die Scheibe wird mit einem Tuch gereinigt und dabei Cola getrunken.
- **Schubkasten J (Hockeyschläger):** Ein Hockeyschläger ist an der Autoantenne befestigt. Daneben steht eine Kerze.
- **Schubkasten K (Kran):** Am Kran hängen Schnittblumen, die in eine Vase gestellt werden, in der Tannenzweige stehen.

- **Schubkasten L (Stiefel):** In einem Stiefel steckt ein Hemd. In der Hemdtasche findet man eine Tube Haarshampoo.
- **Schubkasten M (Hängebrücke):** An einer Hängebrücke hängen Gardinen. Auf der Hängebrücke liegen viele Tütchen Backpulver.
- **Schubkasten N (Zollstock):** Mit einem Zollstock werden die grünen Flecken auf der Jeans vermessen und mit Spülmittel gereinigt.
- **Schubkasten O (Ei):** Ein Ei liegt auf einem zerkratzten Glastisch und daneben liegt eine Tube Zahnpasta.
- **Schubkasten P (Schmetterlingsnetz):** Im Schmetterlingsnetz liegt ein Pullover, der in die Tiefkühltruhe gelegt wird.
- **Schubkasten Q (Quelle):** An einer Quelle steht ein Herd mit Alufolie, auf der ein Brot liegt.
- **Schubkasten R (Rutschbahn):** Auf einer Rutschbahn rutscht ein Kind mit einer Pfanne nach unten, in der ein Päckchen Salz liegt.
- **Schubkasten S (Schlange):** Eine Schlange beißt in eine Apfelsine, die mit Seidenpapier umwickelt ist.
- **Schubkasten T (Rouletteschieber):** Mit dem Rouletteschieber werden Zähne und eine Zitrone eingesammelt.
- **Schubkasten U (Hufeisen):** Auf einem Hufeisen liegt eine Tube, die anschließend in heißes Wasser geworfen wird.
- **Schubkasten V (Eistüte):** Eine Eistüte wird mit Farbe bestrichen und dann in ein Gefäß mit Salzwasser gestellt.
- **Schubkasten W (Wellen):** In den Wellen schwimmen Schuhe mit Schneerändern. In einem Schuh befindet sich eine Zwiebelhälfte.
- **Schubkasten X (Wäscheständer):** Ein Wäscheständer steht auf dem Teppich und bedeckt die Rotweinflecken. Zusätzlich steht auf dem Teppich ein Salzstreuer.

- **Schubkasten Y (Steinschleuder):** Mit einer Steinschleuder wird auf ein Fläschchen Nagellackentferner geschossen, das mit Alleskleber auf dem Boden befestigt ist.
- **Schubkasten Z (Schwan):** Ein Schwan wirft eine Tomate ins eiskalte Wasser.

Gelegentlich kann es vorkommen, dass Ihnen beim Abrufen der mnemotechnischen Verbindungen das richtige Stichwort einfällt, dieses aber nicht ausreicht, um sich an die eigentliche Information sinngemäß richtig und vollständig erinnern zu können. Deshalb ist es wichtig, sich bei der Informationsaufnahme nicht nur darauf zu konzentrieren, eine mnemotechnische Verbindung zu entwickeln, sondern auch darauf, sich die eigentliche Information behaltenswirksam einzuprägen, beispielsweise dadurch, dass man sich mit dieser Information gedanklich intensiv beschäftigt.

Weitere Auslöser von A–Z

Sollten Sie für bestimmte Zwecke weitere Schubkästen von A–Z benötigen, dann können Ihnen dabei die nachfolgenden Methoden gut helfen:

- **Buchstabier-Alphabet**
  Sie sprechen den Buchstaben lang aus und hängen dann direkt eine oder mehrere Silben an. Beispielsweise werden aus Be… der Besen oder aus Ha… der Hase.

A – Ameise
B – Besen
C – CD
D – Degen
E – Esel
F – FKK-Strand
G – Gewehr
H – Hase
I – Igel
J – Jodler
K – Kamel
L – LKW
M – MM-Sekt
N – NTV
O – Ofen
P – Pelikan
Q – Q-Tips
R – RTL
S – S-Bahn
T – Theke
U – Ufo
V – VW
W – Wege
X – X-Beine
Y – Y-Schild
Z – Zettel

- **Nato-Alphabet**
  Wer das Nato-Alphabet gelernt hat, findet hier eine gute Möglichkeit, die Wörter in Bilder umzusetzen. Aus T = Tango wird ein tanzendes Pärchen, K = Kilo kann die Vorstellung von einem Gewicht ergeben oder bei B = Bravo sieht man ein klatschendes Publikum.

- **Beruf-Alphabet**
  Finden Sie für jeden Buchstaben einen Beruf, der mit diesem Buchstaben anfängt. Überlegen Sie sich für jeden Beruf eine bildhafte Vorstellung.

- **Tier-Alphabet**
  Finden Sie für jeden Buchstaben ein Tier, das mit dem Buchstaben anfängt, und entwickeln Sie dafür klare Vorstellungsbilder.

8

Mnemotechnik: Hilfswortmethode

Vokabeln und Fremdwörter

Die Anwendung der Mnemotechnik-Hilfswortmethode setzt voraus, dass Sie Ihre mnemotechnischen Bilder nicht mehr bewerten und Ihrer Fantasie völligen Freiraum lassen. Wenn Sie eine Vokabel lesen oder hören, dann wollen Sie die Vokabel ins Deutsche übersetzen können und bei einem Fremdwort wollen Sie die Definition wissen, sodass Sie verstehen können, was damit gemeint ist. Die Vorgehensweise bei Vokabeln und Fremdwörter ist wie folgt:

Assoziationstechnik

- Statt der eigentlichen Vokabel oder dem Fremdwort suchen Sie nach einem ähnlich klingenden Wort, unter dem Sie sich etwas vorstellen können. Nehmen wir als Beispiel das Wort affirmativ. Wenn wir dieses Wort in einzelne Silben vor uns hinsprechen, dann könnte uns dabei einfallen: Aus af... wird ein Affe, aus ...firma... eine Firma und ...tiv wird in tief umgewandelt. Als Gesamtbild könnte sich so ergeben: Ein Affe sitzt in einer Firma ganz tief im Keller. Das ist vorstellbar und hat erst einmal den Effekt, dass Ihnen beim Lesen oder Hören von affirmativ diese bildhafte Vorstellung wieder einfällt.

- Als Wortbedeutung im Lexikon für *affirmativ* wird man *bejahend* finden. Auch hier brauchen wir wieder eine bildhafte Vorstellung für bejahend. Vorstellbar wäre ein Nicken mit dem Kopf.
- Jetzt wird eine mnemotechnische Assoziation gebildet. Sie könnten einen Affen sehen, der in einer Firma ganz tief im Keller sitzt und mit dem Kopf nickt. Wenn Sie sich das sehr intensiv vorstellen, bleibt diese bildhafte Vorstellung für einige Zeit in Ihrem Gedächtnis gespeichert.
- Wenn Sie demnächst wieder affirmativ hören oder lesen, können Sie über das Hilfswort oder anders bezeichnet über das Hilfsbild die richtige Bedeutung abrufen. Je öfter Sie die Bedeutung abrufen, desto mehr prägt sich die Verbindung affirmativ = bejahend auf natürliche Weise dem Gedächtnis ein und kann auch ohne Hilfsbild in Zukunft abgerufen werden.

Auf den ersten Blick erscheint es komplizierter, sich eine zusätzliche Information, nämlich das Hilfswort, zu merken. Diese Zeitinvestition zahlt sich aber aus, da Sie die Vokabel oder das Fremdwort überhaupt erst einmal behaltenswirksam für einen gewissen Zeitraum abspeichern. Im anderen Fall ist es oft so, dass die Vokabel oder das Fremdwort mit der entsprechenden Übersetzung oder Bedeutung nur einige Ehrenrunden in unserem Gedächtnis dreht und sich dann auf Nimmerwiedersehen verabschiedet. Beim erneuten Auftauchen der Vokabel oder des Fremdworts muss man wieder nachschlagen oder nachfragen, was einen zusätzlichen Zeitaufwand bedeutet.

Wenn Sie sehr schnell in einer fremden Sprache lesen lernen wollen, dann besorgen Sie sich in dieser Sprache einfach geschriebene Kinderbücher mit einem begrenzten Vokabelschatz. Lernen Sie mit der Mnemotechnik-Hilfswortmethode die darin vorkommenden Vokabeln ins Deutsche zu übersetzen und fangen Sie spätestens nach drei Tagen an, in den Kinderbüchern zu lesen. Durch das Lesen werden die Vokabeln, die Sie gelernt haben, erneut angeboten, und Sie können über Ihre Hilfswörter die richtige Übersetzung abrufen. Da es sehr wahrscheinlich ist, dass die gleiche Vokabel in dem Buch öfter vorkommt, lernen Sie die richtige Übersetzung durch Wiederholung, wodurch die Hilfsbilder mit der Zeit wegfallen.

Stellen Sie sich einmal vor, Sie müssten einige Vokabeln Esperanto lernen. Sie wissen, das danach die Vokabeln in einem Lesetext vorkommen. Ihr Ziel ist es, den Text zu verstehen. Wenn Sie die beschriebene Hilfswortmethode einsetzen, sind Sie in der Lage, alle angebotenen Vokabeln sehr schnell zu lernen. Mit diesem Training bringen Sie die Grundsätze der Mnemotechnik-Hilfswortmethode zur Anwendung und üben, Ihrer Fantasie freien Lauf zu lassen. Zur Orientierung finden Sie Vorschläge, wie man eine bildhafte Assoziation zu jeder Vokabel aufbauen kann.

Versuchen Sie bitte, jede Assoziation einige Sekunden deutlich vor dem geistigen Auge zu sehen! Danach werden Sie einen Text lesen können, in dem die Vokabeln enthalten sind, und dabei den Inhalt verstehen.

- **Alumeto – Streichholz:** Sehen Sie Aluminium (Alu), das einen Meter lang (meto) ist, und sehen Sie, wie aus diesem Aluminium ein Streichholz geformt wird.
- **Bretaro – Regal:** Sehen Sie, wie ein Brett (Bret), auf dem Tarot-Karten (taro) abgebildet sind, in ein Regal eingebaut wird.
- **Celo – Ziel:** Sehen Sie, wie jemand etwas zählt (Cel) und dabei auf einem großen O sitzt (O) und auf ein Ziel schaut.

- **Domo – Haus:** Sehen Sie neben einem Dom (Domo) ein Haus stehen.
- **Ekrano – Bildschirm:** Sehen Sie in einem elektrisch (E) angetriebenen Kran (krano) einen eingebauten Bildschirm.
- **Foko – Seehund:** Sehen Sie die Zeitschrift Focus (Foku), die gerade von einem Seehund gelesen wird.
- **Gurdo – Leierkasten:** Sehen Sie einen Gurt (Gurdo), der an einem Leierkasten befestigt ist.
- **Heliko – Schnecke:** Sehen Sie, wie ein Helikopter (Heliko) auf einer Schnecke landet.
- **Insulti – beschimpfen:** Sehen Sie wie ein Inder (In) und ein Sultan (sulti) sich gegenseitig beschimpfen.
- **Jungi – einspannen:** Sehen Sie einem Jungen (Jungi) beim Einspannen zu.
- **Kazo – Fall:** Sehen Sie eine Katze (Kaz) im Zoo (zo), mit der aus großer Höhe ein besonderer Fall eingeübt wird.
- **Legi – lesen:** Sehen Sie, wie sich jemand legt (Legi) und dann zu lesen beginnt.
- **Mielo – Honig:** Sehen Sie eine Waschmaschine von Miele (Mielo), die mit Honig beschmiert ist.
- **Ni – wir:** Merken Sie sich: Nie (Ni) kommen wir zusammen.
- **Obei – gehorchen:** Sehen sie einen Ober (Obei), der einfach nicht gehorchen will.
- **Pruno – Pflaume:** Sehen Sie Bruno (Pruno), der eine Pflaume verspeist.
- **Rampi – kriechen:** Sehen Sie auf einer Rampe (Rampi) jemanden kriechen.
- **Sago – Pfeil:** Merken Sie sich: Die Sage (Sago) vom Pfeil.
- **Talpo – Maulwurf:** Sehen Sie, wie Sie in ein Tal (Tal) schauen und den Po (po) von einem Maulwurf sehen.
- **Urbu – Stadt:** Sehen Sie, wie mit einem Turbo (Urbo) jemand durch die Stadt fährt.

- **Vespero – Abend:** Sehen Sie eine Wespe (Vespero), die Sie jeden Abend besucht.
- **Zumi – summen:** Merken Sie sich: Kommt alle zu (Zu) mir (mi), wir wollen miteinander summen.

Die nachfolgenden Sätze können Sie verstehen, wenn Sie sich die Assoziationen zu den Vokabeln mit der Hilfswortmethode behaltenswirksam eingeprägt haben:

- An einem **Vespero** gingen **Ni** durch die **Urbo**. **Ni** sahen eine **Heliko** über ein **Alumeto Rampi**. Besonders beeindruckt waren **Ni** von einem **Foko**, den wollten **Ni** in diesem **Kazo** für unsere Zwecke **Jungi**. Der **Foku** konnte gut **Obei**. Er balancierte eine **Pruno**. Interessanterweise bekam der **Foku** zur Belohnung **Mielo**. **Ni** hörten aus der Ferne einen **Gurdo** und dazu Menschen **Zumi**. Einige waren dabei, sich gegenseitig zu **Insulti**, weil jemand mit einem **Sago** auf einen **Talpo** zielte. Das erinnerte uns an unser **Celo**. Auf einem **Ekrano**, der auf einem **Bretaro** stand, konnten **Ni** unser **Celo** sehen; ein **Domo**, in dem **Ni** etwas über den **Talpo**, den **Foku**, und der **Heliko Legi** konnten.

Nicht zu jeder Vokabel, die man lernt, lässt sich leicht eine gute bildhafte Vorstellung aufbauen. Die Mnemotechnik-Hilfswortmethode ist auch nicht als Ersatz für das Lernen mit der Lernkartei oder dem Lernen über einen Sprachkurs gedacht, sondern leistet als Ergänzung zu diesen Lernwegen sehr gute Dienste.

Behalten von Namen

Viele Seminarteilnehmer können sich Namen nur schlecht merken, aber es ist völlig natürlich, wenn viele Namen nach nur einmaligem Hören oder Lesen wieder in Vergessenheit geraten. Ein Name prägt sich, wie andere abstrakte oder komplizierte Informationen, erst durch mehrfaches Wiederholen sicher ein.

Machen Sie sich klar, wo Ihre persönlichen Vorteile für Sie liegen, wenn es Ihnen gelingt, eine Person richtig mit ihrem Namen anzusprechen, dadurch ist die Behaltensmotivation größer. Die Wahrscheinlichkeit erhöht sich, dass Sie für den Merkprozess automatisch etwas mehr Zeit und Aufmerksamkeit zur Verfügung stellen als bisher, was wiederum dazu führt, dass sich der Name Ihrem Gedächtnis besser einprägt. Mit der Mnemotechnik-Hilfswortmethode können Sie erreichen, den Namen schneller, mit weniger Wiederholungen behaltenswirksam abzuspeichern.

Die Vorgehensweise ist wie folgt:

Namen wirksam assoziieren

- Überlegen Sie sich, was Ihnen wahrscheinlich mit Sicherheit wieder einfällt, wenn Sie die Person sehen. Legen Sie einen Auslöser fest, den Sie möglichst bildhaft vor dem geistigen Auge sehen können. Nehmen wir einmal an, Ihnen ist an der Person die hohe Stirn aufgefallen. Die Wahrscheinlichkeit, dass Sie das wieder wahrnehmen, wenn Sie die Person beim nächsten Mal sehen, ist sehr groß. Mit diesem Auslöser werden Sie danach den Namen assoziieren.

- Den Namen können Sie auf einer Visitenkarte lesen oder Sie hören ihn und stellen sich zusätzlich vor, wie dieser Name geschrieben wird. Wenn Sie den Namen nicht deutlich verstanden haben, dann fragen Sie nochmals nach oder lassen Sie sich den Namen buchstabieren, denn es bringt Ihnen nichts, wenn Sie den Namen falsch abspeichern.
- Nun kommt die Mnemotechnik-Hilfswortmethode zur Anwendung. Wie beim Lernen von Vokabeln suchen Sie danach, was einigermaßen ähnlich klingt wie der Name und was Sie sich gut vorstellen können. Nehmen wir einmal an, die Person mit der hohen Stirn trägt den Namen Katzberg, ein Name, der leicht bildhaft umzusetzen ist, da sich Katze und Berg anbieten.
- Der nächste Schritt ist die Assoziation zwischen dem Auslöser und der bildhaften Umsetzung des Namens. Beispielsweise könnten Sie sehen, wie auf dem Kopf der Person eine Katze liegt und mit den Pfoten die hohe Stirn berührt. Anschließend läuft die Katze einen Berg herunter.
- Ganz zum Schluss schauen Sie sich nochmals die Person an, versuchen dabei deutlich Ihr geistiges Bild zu sehen und wiederholen dabei innerlich den Namen der Person.

Wie beim Lernen von Vokabeln muss der Name innerlich über das Intervall-Lernen (Wiederholung in immer größer werdenden Abständen) eingeprägt werden, um dauerhaft abrufbar zu sein. Eine gute mnemotechnische Verbindung verringert aber die Anzahl der Wiederholungen oder macht die Wiederholung ganz überflüssig.

In der nachfolgenden Übung bekommen Sie eine Idee dafür, welche Auslöser man für die Verbindung mit Namen festlegen kann. Wenn Ihnen beispielsweise beim Kennenlernen einer Person die moderne Brille, die der andere trägt, aufgefallen ist, dann nehmen Sie diese Brille als Auslöser. Wenn die Person diese Brille am nächsten Tag nicht trägt, dann merken Sie das; somit funktioniert der Auslöser trotzdem – Sie müssen nicht sagen: „Jetzt setzen Sie mal Ihre Brille auf, damit ich weiß, wie Sie heißen!“

Lassen Sie nun Ihrer Fantasie freien Lauf. Zur Orientierung einige Vorschläge, wie sich eine Verbindung vom Auslöser zum Namen mnemotechnisch entwickeln lässt:

- **Blonde Haare – Klee:** In den blonden Haaren sehen Sie ein Kleeblatt (Klee).
- **Tischtennisspieler – Voll:** Hier wissen Sie das Hobby der Person, was einem meistens sofort einfällt. Sehen Sie, wie ein Tischtennisspieler voll (Voll) auf den Ball schlägt.
- **Kleine Ohren – Neumann:** Das ist neu (Neu) – ein kleiner Mann (mann) steht in den kleinen Ohren.
- **Rötliches Gesicht – Malburg:** Mit einem rötlichen Gesicht malt (Mal) jemand eine Burg (burg).
- **Schachspieler – Koch:** Auf einem Schachspiel hat eine Figur eine Kochmütze (Koch) auf.
- **Sehr klein – Ispas:** Eine sehr kleine Person fragt immer is (Is) was (pas)? Oder eine sehr kleine Person isst (Is) einen Reisepass (pas).
- **Große Nase – Rose:** In der großen Nase steckt eine Rose (Rose). Glücklicherweise müssen Sie niemanden erzählen, wie Sie sich seinen Namen gemerkt haben.
- **Vollbart – Klett:** Der Vollbart wurde mit einem Klettverschluss (Klett) befestigt. Oder im Vollbart sehen Sie eine Klette (Klett).
- **Sehr weiße Zähne – Dänzer:** Die weißen Zähne zeigt ein Tänzer (Dänzer) beim Tanzen.
- **Richter von Beruf – Zilian:** Ein Richter zielt (Zil) in einem Gerichtsgebäude auf eine Liane (lian).

- **Falten im Gesicht – Rupp:** Mit den Falten sieht er aus wie Knecht Ruprecht (Rupp). Oder er sieht ruppig (Rupp) aus.
- **Motorradfahrer – Wendland:** Er wendet (Wend) sein Motorrad und fährt aufs Land (land).
- **Sehr große Person – Thomas:** Eine sehr große Person steht vor einem Dom (Thom) und hat eine Spielkarte, nämlich ein As (as), in der Hand.
- **Golfspieler – Thorsten:** Diese Person wird mit einem Golfschläger in einem Tor (Thor) stehen (sten).
- **Erzählt gerne Witze – Monika:** Beim Witze erzählen spielt sie auf der Mundharmonika (Monika).
- **Trägt gerne Hüte – Dagmar:** Sie setzt einem Dackel (Dag) einen Hut auf und der läuft damit auf einem Markt (mar) hin und her.

Versuchen Sie sich nun über die Auslöser an die Namen zu erinnern:

- Golfspieler
- Richter von Beruf
- sehr weiße Zähne
- Tischtennisspieler
- rötliches Gesicht
- Vollbart
- kleine Ohren
- Motorradfahrer
- sehr große Person
- erzählt gerne Witze
- Schachspieler
- trägt gerne Hüte
- sehr klein
- Blonde Haare
- Falten im Gesicht
- lange Nase

Wenn Sie Ihre Assoziationen bei der Informationsaufnahme wirklich vor dem geistigen Auge sehen, dann müssten Sie in der Lage sein, die Namen abzurufen.

Wenn Sie eine Person kennen lernen, die den gleichen Namen hat wie eine Person, die Sie bereits kennen, dann können Sie auch diese beiden Personen assoziativ miteinander verbinden.

Was aber in der Praxis tun, wenn trotz aller mnemotechnischer Hilfen der Name nicht abrufbar ist? Meistens wird dann die betreffende Person nicht mit Namen angesprochen, in der Hoffnung, dass einem der Name etwas später wieder einfällt.

Die einfachste Methode wäre nach dem Namen zu fragen, mit dem Hinweis, dass der Name im Moment nicht abrufbar ist. Sicher ist es ein Unterschied, ob man zu jemanden sagt: „Ihren Namen habe ich vergessen!“ Oder: „Jetzt komme ich gerade nicht auf Ihren Namen! Ihr Name liegt mir auf der Zunge!“ Im zweiten Fall drückt man mit der Formulierung aus, dass man eigentlich den Namen abgespeichert hat, es nur im Moment nicht gelingt, ihn wieder abzurufen. Die zweite Formulierung klingt für den anderen angenehmer und ist meistens von der Sache her richtig, denn wenn man den Namen wieder hört, merkt man oft, dass man ihn schon wusste – man konnte sich im Moment nur nicht daran erinnern.

Es kann auch in der Praxis vorkommen, dass man zwar eine Idee für den Namen hat, aber irgendwie spürt, dass man nicht genau weiß, ob man die Person tatsächlich mit dem richten Namen anspricht. Wenn Sie sich unsicher sind, dann ist es besser, die Person nicht mit Namen anzusprechen, da niemand gerne mit falschem Namen angesprochen wird.

Viele Menschen können nicht ohne weiteres die Fantasie aufbringen und es für sich zulassen, Auslöser und Namen auf diese Art und Weise zu assoziieren. Auf der anderen Seite erkennen sie aber, dass bei einer größeren Anzahl von Namen die bildhaften Vorstellungen die Chance erheblich erhöhen, die Namen wieder aus dem Gedächtnis abrufen zu können. Durch Training lässt sich die Bereitschaft für diese verrückten Assoziationen, die Schnelligkeit und die Behaltenssicherheit weiter verbessern.

9

Mnemotechnik: Zahlenwortmethode

Natürliche Methode

Die meisten Seminarteilnehmer berichten mir, dass sie Zahlen aufschreiben, und wenn diese benötigt werden, einfach nachschauen. Dagegen ist nichts einzuwenden, denn warum das Gedächtnis mit Informationen belasten, wenn es Telefonregister und Computer gibt, wo die Zahlen hinterlegt werden können? Es gibt aber Situationen, in denen es weniger Sinn macht, Zahlen aufzuschreiben. Bei der Scheckkarten-Geheimnummer beispielsweise wäre es gut, diese im Gedächtnis verankert zu haben. Oder wenn man wissen will, in welcher Parkbucht man sein Auto abgestellt hat, denn die wenigsten Menschen nehmen sich einen Zettel zur Hand und schreiben diese Nummer auf.

Kurze Zahlen lassen sich oft dadurch sehr gut einprägen, indem man diese Zahlen in Beziehung zu Zahlen setzt, die man bereits kennt. Hausnummern, Autonummer, verschiedene Geburtstage und Telefonnummern, Uhrzeiten oder Ähnliches sind Informationen, die bereits abgespeichert sind und für Assoziationen zur Verfügung stehen könnten. Wenn beispielsweise Ihre Scheckkarten-Geheimnummer 1766 lauten würde, dann könnten Sie den Bezug zu dem

Lied *„17 Jahr blondes Haar“* und dem Lied *„Mit 66 Jahren ...“* – als Assoziation herstellen. Die Telefonnummer von Carmen: 7 205 160 könnte zu dem Merkspruch führen: *„7 Tage in der Woche fährt Carmen mit einem Peugeot 205 genau 160 Stundenkilometer schnell.“* So eingeprägt, ist die Telefonnummer auch ohne Aufschreiben später wieder abrufbar.

Auch mathematische Spielereien sind eine gute Merkhilfe. Mal angenommen, man möchte gern die Telefonnummer einer Pizzeria am Ort im Gedächtnis verankern, und wir nehmen an, diese Telefonnummer lautet: 24 12 06, dann hätten wir es sicher leicht, uns diese Telefonnummer zu merken, wenn wir erkennen, dass die Hälfte von 24 die 12 ist und die Hälfte von der 12 die 06 ist. Die bildhafte Vorstellung einer Pizzeria, die 24 Stunden (der Anfang der Telefonnummer) geöffnet hat und die Pizza immer in zwei Hälften (das mathematische Prinzip) liefert, ist dann sicher dauerhaft einprägsam. Sollten Sie der Meinung sein, dass Sie 06 mit 6 (das Ende der Telefonnummer) verwechseln, dann hilft die Eselsbrücke, dass die 0 die Form einer Pizza hat.

Weitere natürliche Methoden sind, sich auf die Ziffernfolge zu konzentrieren, die Zahl mit Interesse aufzunehmen, sich die Zahl bildhaft vorzustellen, beim Telefonieren auf das Tippen der Wähltasten zu achten und zu versuchen, ein Muster zu erkennen. Vereinfacht wird das Behalten von Zahlen zusätzlich durch den Spaß am Umgang mit Zahlen. Alle Eselsbrücken sollen erreichen, dass eine Zahl dauerhaft eingeprägt wird und auf das Lernen der Zahl über viele Wiederholungen verzichtet werden kann.

Konsonantenmethode

Wenn es aber darum geht, sehr lange Ziffernfolgen im Gedächtnis zu verankern, dann reicht die natürliche Methode nicht mehr aus. Das Problem kann aber sehr wirkungsvoll mit der Mnemotechnik-Zahlenwortmethode gelöst werden, bei der die einzelnen Ziffern von 0–9 in Konsonanten umgesetzt werden, um dann mit diesen Konsonanten später Wörter zu bilden. Mit ein wenig Übung sind Sie in der Lage, sehr schnell beispielsweise eine zwanzigstellige Zahl zu behalten. In der Praxis wird so ein Problem durch Aufschreiben gelöst, was sicher auch am sinnvollsten ist. Haben Sie aber vor, bei Gedächtnismeisterschaften mitzumachen oder einen neuen Köpfchenrekord aufzustellen, dann ist die Beschäftigung mit dieser Methode notwendig. Sie können diese Übungen auch als geistiges Fitnesstraining betrachten.

Als Erstes lernen Sie die richtige Zuordnung der Konsonanten zu den einzelnen Ziffern. Dafür biete ich Ihnen einige Eselsbrücken an, die das Lernen erleichtern. Wenn Ihnen an den einzelnen Stellen eine eigene Eselsbrücke einfällt, die Sie für besser halten, dann merken Sie sich die Zuordnung mit Ihrer Assoziation.

Eselsbrücken für Konsonanten

Ziffer 0 – Konsonantenzuordnung: S oder Z

Die Null gibt es beim Roulette, auch Zero genannt. Hier finden Sie schon als Anfangsbuchstaben das Z. Zero wird aber wie „Sero“ ausgesprochen und damit haben Sie auch das S als Anfangsbuchstaben. Am häufigsten wird das S eingesetzt, da damit mehr Wörter gebildet werden können.

Ziffer 1 – Konsonantenzuordnung: T oder D
Wenn Sie von einer 1 den nach links unten gehenden Strich waagerecht nach oben auflegen würden, dann ergibt sich ein T. Und das D klingt so ähnlich wie das T.

Ziffer 2 – Konsonantenzuordnung: N
Wenn Sie die 2 um 90 Grad nach links kippen, dann ergibt sich ein N.

Ziffer 3 – Konsonantenzuordnung: M
Die gleiche Eselsbrücke wie beim N. Wenn Sie die 3 um 90 Grad nach links kippen, dann ergibt sich ein M.

Ziffer 4 – Konsonantenzuordnung: R
Wenn Sie Vier sprechen, dann ist der letzte Buchstabe ein R. Oder Sie denken an das französische Auto R4.

Ziffer 5 – Konsonantenzuordnung: L
Die römische Ziffer 50 wird wie ein L geschrieben. Das L ist oben an der 5 verdreht zu finden. Oder von den fünf Fingern ist einer sehr lang. In dem Wort lang ist der Anfangsbuchstabe das L.

Ziffer 6 – Konsonantenzuordnung: Sch oder ch
Die 6 war eine schlechte Note in der Schule. Schule beginnt mit Sch und schlechte beginnt mit sch. In der Sechs als geschriebenes Wort ist das ch enthalten.

Ziffer 7 – Konsonantenzuordnung: K oder ck oder g
Der Siebenjährige Krieg. Das K ist der Anfangsbuchstabe von Krieg. Der letzte Buchstabe von Krieg ist das g, der als Konsonant auch der 7 zugeordnet werden kann. Und die Eselsbrücke für ck könnte sein, sich klar zu machen, dass ck so ähnlich klingt wie k.

Ziffer 8 – Konsonantenzuordnung: F oder V
Ein 8-mm-Film. Oder: Achtung – Vorsicht Falle. Auch hier werden für die Eselsbrücke wieder die Anfangsbuchstaben benutzt.

Ziffer 9 – Konsonantenzuordnung: B oder P
Die 9 ist ein verkehrt herumstehendes b. Spiegelverkehrt betrachtet ist die 9 ein P.

Lernen Sie diese Zuordnung auswendig, sodass Sie in der Lage sind, innerhalb von einer Sekunde zu wissen, welche Ziffer einem Konsonanten zugeordnet ist und auch umgekehrt, welcher Konsonant zu welcher Ziffer führt. Die Konsonanten W – H – Y und X – J und das Q haben keine Ziffernzuordnung. Auch das C alleine stehend hat keine Ziffernzuordnung.

Die entsprechenden Konsonanten einer Zahl werden so mit Vokalen (Vokale haben keine Bedeutung) verbunden, dass sich dadurch Wörter ergeben. Wenn Sie sich die Zahl Pi 3,141592653589793238462... mit den hier angegebenen Stellen merken wollen, dann versuchen Sie, immer möglichst viele einzelne Ziffern zu einem Wort zusammenzusetzen. Aus 314 kann das Wort Mutter entstehen, da 3 gleich M und 1 gleich T und 4 gleich R ist. Sie erkennen, dass durch die Verbindung der Konsonanten mit Vokalen und deren Umlaut wie ä ö ü oder in Verbindung mit Konsonanten, die keine Zuordnung haben, die Wortbildungen möglich sind. In dem Wort Mutter kommt das T zweimal direkt hintereinander vor. Und hierbei gibt es eine Ausnahmeregel: Wenn zwei gleiche Konsonanten unmittelbar aufeinander folgen, wird daraus nur eine Ziffer abgeleitet. Mit welchen Wörtern lässt sich nun die Zahl Pi bilden?

- 314 – Mutter; 1592 – Talbahn; 653 – Schelm; 58 – Lava; 9793 – Backbaum; 23 – Name; 8462 – Feuerschein.
  Sehen Sie vor dem geistigen Auge einen großen Kreis (Kreiszahl Pi), in dem eine Mutter (abgeleitet von Schraube und Mutter) liegt, die an einer Talbahn befestigt wird. Mit der Talbahn fährt ein Schelm durch die Lava. In der Lava steht ein Backbaum (ein durch die Hitze der Lava gebackener Baum), in dem ein Name eingeritzt ist, der von einem Feuerschein angeleuchtet wird.

Versuchen Sie nun den umgekehrten Weg, indem Sie die Geschichte abrufen und sich über die Wörter wieder an die einzelnen Ziffern erinnern.

Bilder von 00–99

Wenn es darauf ankommt, sich sehr schnell eine Zahl einzuprägen, dann hat man nicht die Zeit zu versuchen, sich viele einzelne Ziffern zu einem Wort zusammenzusetzen. In diesem Fall muss man die Bilder für die Ziffern von 0–9 und den Zahlen von 00–99 blitzschnell aus dem Gedächtnis abrufen können. Das bedeutet zusätzliche Lernarbeit, die sich nur bezahlt macht, wenn man entweder Spaß an dieser Art hat, mit Zahlen umzugehen, oder als Gedächtniskünstler arbeiten möchte. Im Seminar demonstriere ich, wie ich mir sehr schnell auf Zuruf eine zwanzigstellige Zahl behalten kann. Da einige Seminarteilnehmer diese Demonstration nach dem Seminar gern nachmachen möchten, werde ich immer wieder gebeten, meine Wortliste zu den Ziffern und Zahlen bekannt zu geben. Ich werde zu meinen Wörtern weitere Wörter anbieten, damit Sie sich das Wort auswählen können, zu dem Sie den besten Bezug haben. Wählen Sie immer das Wort aus, mit dem Sie zu einer guten bildhaften Vorstellung kommen. In Zukunft werden Sie immer wieder genau diese bildhafte Vorstellung benutzen. Sollte Ihnen ein Wort einfallen, das hier nicht aufgeführt ist und zu dem Sie ein besseren Bezug haben, dann entscheiden Sie sich für dieses Wort, aber achten Sie bitte darauf, dass nicht das Wort wichtig ist, sondern die bildhafte Vorstellung, die Sie mit diesem Wort verbinden. Und nun viel Spaß beim Lernen!

Zahlenwörter auswendig lernen

00	Soße – Susi	**05**	Seil – Säule
01	Seite – Seide	**06**	Seuche – Sascha
02	Sahne – Sohn	**07**	Sack – Socke
03	Saum – Sumo	**08**	Seife – Safe
04	Säure – SIR	**09**	Sieb – SABA

0	See – Sau	**32**	Mohn – Minna
1	Tee – Tau	**33**	Mumie – Momo
2	Noah – UNO	**34**	Meer – Mauer
3	Mao – Oma	**35**	Mehl – Müll
4	Reh – Ohr	**36**	Masche – Mischa
5	Löwe – Öl	**37**	Mücke – Mecki
6	Schuh – Asche	**38**	Mofa – Mafia
7	Kuh – Kai	**39**	Mappe – Mopp
8	Fee – Affe	**40**	Rose – Riese
9	Bau – Boa	**41**	Rute – Rad
10	Tasse – TESA	**42**	Rinne – Ruine
11	Tüte – Toto	**43**	RAMA – Rom
12	Tanne – Tonne	**44**	Rohr – Reiher
13	Team – Dom	**45**	Rolle – ARAL
14	Tor – Tür	**46**	Rauch – Rüsche
15	Tal – Diele	**47**	Rock – Harke
16	Tisch – Tasche	**48**	Riff – Reif
17	Theke – Dock	**49**	Rabe – Rippe
18	TÜV – Doof	**50**	Los – Lasso
19	Taube – Tube	**51**	Latte – Lied
20	Nase – Nuss	**52**	Lehne – Leine
21	Niete – Note	**53**	Lama – Lehm
22	Nonne – Ninja	**54**	Lore – Leier
23	Name – NIMM	**55**	Lilie – Lola
24	Narr – Niere	**56**	Lasche – Loch
25	Nil – Null	**57**	Lack – Locke
26	Nische – nasche	**58**	Lava – lauf
27	Nicki – Nocke	**59**	Laub – Lupe
28	NIVEA – Neffe	**60**	Schuss – Chose
29	Nabe – Noppe	**61**	Schotte – Scheide
30	Maus – Moos	**62**	Schiene – Schein
31	Matte – Motte	**63**	Schaum – Scham

64	Schere – Schauer	**82**	Fahne – FINA
65	Schal – Schelle	**83**	VIM – vom
66	Schach – Scheich	**84**	Feuer – Fähre
67	Scheck – Schock	**85**	Feile – Falle
68	Schiff – Schaf	**86**	Fisch – Fach
69	Scheibe – Schabe	**87**	Fock – Fuge
70	Kasse – Käse	**88**	Fiffi – Fuffi
71	Kette – Kutte	**89**	VIP – Vopo
72	Kanne – Kino	**90**	Bus – Bass
73	Kamm – Koma	**91**	Bett – Boot
74	Karre – Kur	**92**	Bahn – Bein
75	Kohle – Kelle	**93**	Baum – Bumm
76	Koch – Küche	**94**	Bär – Bar
77	Kakao – keck	**95**	Ball – Beule
78	Kufe – Kaffee	**96**	Bach – Buch
79	Kappe – Kuppe	**97**	Backe – Bug
80	Fass – Fuß	**98**	Beaf – BIFI
81	Foto – Fett	**99**	Bube – Bob

Sicher haben Sie bemerkt, dass Sie diese Bilder zu den Ziffern und Zahlen auch als Auslöser benutzen können, genauso wie die Zahlenwörter 1–20, nur dass Sie jetzt über wesentlich mehr Auslöser verfügen. Kommen Sie aber bitte nicht in Versuchung, beweisen zu wollen, dass Sie in der Lage sind, hundert verschiedene zugerufene Wörter behalten und dann auch noch sagen zu können, welches Wort bei welcher Zahl genannt wurde. Die Zuschauer sind ausreichend verblüfft, wenn Sie diese Demonstration mit 20–30 zugerufenen Gegenständen vorführen können. Danach wird es für die Zuschauer langweilig. Bei Gedächtnismeisterschaften wiederum ist es unerlässlich die Mnemotechnik-Zahlenwortmethode zu beherrschen, da dort eine Vielzahl von Informationen gespeichert werden müssen.

Speichern von Zahlen

Bei diesem Training geht es darum, die Mnemotechnik-Zahlenwortmethode anzuwenden, um ein Gefühl für die Umsetzung von Zahlen in Bilder zu bekommen. Bitte vergessen Sie nicht, die Bilder vor dem geistigen Auge zu sehen, und nicht nur den Text zu lesen!

- **Postamt – Telefon: 947927**
  Hier haben wir es mit einer Telefonnummer zu tun, die auch gut über den Klang 947 – 927 und die Erkenntnis, dass sich die 947 und die 927 nur durch die 4 und die 2 unterscheiden, zu behalten wäre. Da es bei diesem Training um die Anwendung der Zahlenwortmethode geht, bietet sich an, ein Postamt zu sehen, vor dem eine Parkbank steht, denn Parkbank ist die Verschlüsselung der Zahl 947927. Es wäre aber auch möglich, vor dem Postamt einen Bär (94) zu sehen, der eine Kappe (79) auf dem Kopf trägt und einen Nicki (27) anhat.
- **Gaststätte „Zum Adler" – Telefon: 7412095**
  Wenn man Zeit hat, kann man versuchen, möglichst viele Ziffern zu einem Wort zusammenzusetzen. Es könnte sich als bildhafte Vorstellung ergeben, zu sehen, wie ein Adler ein Kartenspiel in den Krallen hält. Oder ein Adler sitzt in einer Karre (74), in der eine Tanne (12) liegt, an der ein Sieb (09) hängt und dieses bekommt ein Löwe (5).
- **Schwimmbad – Telefon: 951410**
  Als bildhafte Vorstellung bietet sich an, ein Schwimmbad zu sehen, in dem viele Bilder (9514) in eine Tasse (10) hineingetan werden. Oder im Schwimmbad schießt jemand mit einem Ball (95) auf ein Tor (14), in dem eine Tasse (10) steht.
- **Geburtstag von Peter – 08.11.62**
  Für Peter wird ein Auslöser benötigt – irgendetwas, das einem einfällt, wenn man an Peter denkt. Peter hat eine

Katze, die als Auslöser geeignet ist. Sehen Sie, wie Peter seine Katze mit Seife (08) wäscht. Die Seife packt er anschließend in eine Tüte (11), die er dann auf eine Schiene (62) legt. Aus der Zahlenreihe 081162 lässt sich aber auch das Wort Saft-Taschen ableiten. Normalerweise werden zwei gleiche Konsonanten, in diesem Fall die durch den Bindestrich getrennten t (Saft-Taschen), wie ein Konsonant gewertet. Bei zwei zusammengesetzten Wörtern gilt diese Ausnahmeregel aber nicht.

- **Geburtstag von Marion – 26.07.71**
  Marion fährt gerne Motorrad – in eine Nische (26) hinein, in der ein Sack (07) steht, aus dem eine Kette (71) herausschaut.
- **Kontonummer – 6426584**
  Als bildhafte Vorstellung bietet sich an, wie ein Kontodrucker in einer Bank steht und man dort einen Scherenschleifer (6426584) sieht. Oder auf dem Kontodrucker liegen Scheren (642), mit denen man einen Schal (65) zerschneidet und dann alles ins Feuer (84) wirft.
- **Autonummer: F-LS 749**
  Eine gute Möglichkeit, im stehenden Verkehr die Schubkastenmethode 26 und die Zahlenwortmethode zu trainieren, indem man die Autonummern bildhaft umsetzt. Manchmal kann es aber auch in der Praxis wichtig sein, sich schnell eine Autonummer zu merken. Am Nummernschild ist eine Fahne (F) befestigt, die man in einen Stiefel (L) stellt. Aus dem Stiefel kommt eine Schlange (S) heraus, die sich in einen Korb (749) legt.
  Eine weitere Möglichkeiten wäre aber auch zu erkennen, dass F-LS nur aus Konsonanten besteht, die man mit Vokalen verbinden könnte. Beispielsweise wäre dann zu sehen, wie ein Nummernschild am Fels (F-LS) befestigt wird, und vor dem Fels steht der Korb (749).
  Es wäre sicher auch möglich zu versuchen, einen Satz zu bilden, bei dem die Anfangsbuchstaben später eine Be-

deutung haben. Beispielsweise: Für (F) leichte (L) Sachen (S) einen Korb (749).

- **Postleitzahl für Kuhfelde – 29416**
  Eine Kuh steht im Felde (Kuhfelde), ihr Leder ist aus Nappa (29) und hinter ihr steht eine Rutsche (416).
- **Handy-Geheimnummer – 3215**
  Als bildhafte Vorstellung bietet sich an, zu sehen, wie Sie das Handy in den Mantel (3215) stecken.

Versuchen Sie sich nun über die Auslöser an die richtigen Zahlen zu erinnern:

- Autonummer
- Postamt
- Kontonummer
- Schwimmbad
- Handy-Geheimnummer
- Postleitzahl für Kuhfelde
- Gaststätte: „Zum Adler“
- Geburtstag von Marion (Motorradfahrerin)
- Geburtstag von Peter (Katzenbesitzer)

Damit Sie mit der Mnemotechnik-Zahlenwortmethode noch vertrauter werden, empfehle ich Ihnen, sich die Ziffern, Zahlen und Nummern mnemotechnisch zu verschlüsseln, die Sie persönlich betreffen (Telefonnummern, Geheimnummern, Geburtstage, Artikelnummern, Preise etc). Zusätzlich zum Training haben Sie noch den angenehmen Effekt, bei bestimmten Zahleninformationen nicht mehr nachschauen zu müssen.

10

Verstehen und Behalten

Wortverständnis

Stellen Sie sich einmal vor, Sie würden die Demonstration Ihrer Gedächtnisleistung, wie in diesem Buch vorgeschlagen, präsentieren und Ihnen würden Gegenstände in einer Sprache genannt werden, die Sie nicht beherrschen – das Experiment würde nicht funktionieren! Mit viel Mühe und Zeitaufwand könnten Sie sich mit der Mnemotechnik-Hilfswortmethode die genannten Wörter einprägen, aber den Zuschauern würde das viel zu lange dauern. Es kann auch vorkommen, dass Sie ein Wort genannt bekommen, das Sie nicht kennen. Lassen Sie sich das Wort erklären, bis Sie eine bildhafte Vorstellung für den Begriff entwickeln können. Wenn wir im Alltag etwas lesen oder hören, stoßen wir mitunter auch auf Wörter, von denen uns nicht ganz klar ist, was diese eigentlich bedeuten. Die Folge davon sind Missverständnisse, wir können keine klare Vorstellung von dem aufbauen, was wir lesen oder hören.

Besonders beim Lernen eines neuen Fachgebiets bringt das viele Schwierigkeiten mit sich. Interessanterweise schlagen oder fragen die meisten Menschen beim Lernen von Vokabeln nach, was die Vokabel bedeutet, tun das aber viel weniger, wenn Sie auf ein Wort in der eigenen Sprache stoßen, das sie nicht verstehen, manchmal vielleicht auch deshalb, weil sie glauben, es verstanden zu haben, was aber nicht immer in Wirklichkeit so ist. In einigen Seminaren versuchten mich die Teilnehmer mit folgendem Text zu verwirren: „Ein Zweibein sitzt auf einem Dreibein an einem Vierbein und isst ein Einbein, worauf ein Vierbein kommt und dem Zweibein sein Einbein wegnimmt und nun das Zweibein sein Dreibein nach dem Vierbein wirft."

Beim ersten Mal, als ich diesen Text von einem Seminarteilnehmer hörte, konnte ich den Inhalt nicht wiederholen, da es mir nicht möglich war, schnell genug ein klare Vorstellung von dem aufzubauen, was ich gehört hatte. Ich fragte nach und ließ mir erklären, was denn dieser Seminarteilnehmer unter einem Einbein, Zweibein, Dreibein und einem Vierbein versteht. Darauf erhielt ich folgende Definition: Ein Einbein ist ein Hühnerbein, das Zweibein ist ein Mensch, Dreibein ein Hocker und Vierbein ein Tisch oder ein Hund. Ich ließ mir den Text nochmals vorsprechen und merkte, dass ich jetzt folgende klare Vorstellung aufbauen konnte: „Ein Mensch (Zweibein) sitzt auf einem Hocker (Dreibein) an einem Tisch (Vierbein) und isst ein Hühnerbein (Einbein), worauf ein Hund (Vierbein) kommt und dem Menschen das Hühnerbein (Einbein) wegnimmt; daraufhin nimmt dieser Mensch (Zweibein) seinen Hocker (Dreibein) und wirft ihn nach dem Hund (Vierbein)."

Nur vier Wörter mit unklarer Bedeutung haben in diesem Beispiel dazu geführt, den Text nicht sofort verstehen zu können. Nach der Definition gab es kein Problem mehr. Sie können das nachvollziehen, indem Sie den Ursprungstext nochmals durchlesen. Sofort können Sie vor dem geistigen Auge den Handlungsablauf erleben. So prägt sich diese Geschichte dem Gedächtnis ohne Schwierigkeiten ein.

Wenn Sie beim Lesen oder Zuhören etwas nicht verstehen, dann überlegen Sie, ob Sie in der Lage sind, die einzelnen Wörter zu definieren, die Sie lesen oder hören. Schauen Sie in einem Wörterbuch nach oder lassen Sie sich das Wort vom Informationsgeber definieren. Sie fangen an zu verstehen. Je besser Sie etwas verstehen, desto größer ist die Chance, dass Ihnen klar wird, worum es genau geht, und desto größer wird damit die Möglichkeit, zu einer bildhaften Vorstellung zu kommen, die sich Ihrem Gedächtnis einprägen kann. Denken Sie dabei auch an das Zitat: „Ein Bild sagt mehr als 1000 Worte."

Weitere Missverständnisse können auch durch die Doppelbedeutung mancher Wörter erzeugt werden. Wenn jemand sagen würde, ich habe einen Korb bekommen, dann könnte sich das Bild aufbauen, wie jemand in den Besitz eines geflochtenen Behältnisses kam. Es könnte aber auch bedeuten, dass diese Person bei der Aufforderung zu einem Tanz eine Abfuhr erhielt. Gerade beim Lernen von Vokabeln reicht es nicht, immer nur eine Bedeutung der Vokabel zu kennen, sondern auch die anderen Bedeutungen dazuzulernen.

Stellen Sie sich einmal vor, Sie würden folgenden Text hören: „Meine sehr geehrten Damen und Herren, ich spreche heute zu Ihnen namens der von der Konferenz für repräsentative Diskrepanz Motivation im Januar eingesetzten Kommission, welche den Fragenkomplex der temporalen Konvergenz Psychose abzuklären hatte. Von dem Augenblick an, da man sich in Presse und Fernsehen mit der ambivalenten Expansion Projektion auseinander gesetzt hat, ist der Ruf nach einer partiellen Universitäts-Mobilität nicht mehr verstummt."

Ein schrecklicher Text nur zur Verdeutlichung, was man fühlt, wenn so ein Text gehört oder gelesen wird. In einigen Rhetorik-Seminaren habe ich erlebt, dass sich Seminarteilnehmer ähnlich abstrakt und kompliziert ausdrückten. Wenn dann das zwanzigste Fremdwort im zehnten Satz vom Seminarteilnehmer untergebracht war, dann habe ich meistens sehr freundlich Folgendes gesagt: „Das ist ja sehr epirant, was Sie da sagen, nur glaube ich, dass man die Dinge auch aus einer kivomentalen Perspektive betrachten muss, und dann ergibt sich eine Sakkazität, die wir nochmals durchdolivinieren sollten – oder wie sehen Sie das?"

Auf die Nachfrage, was das bedeutet, erwidere ich dann meistens: „Sie haben gerade viele Fremdwörter benutzt, und das waren eben meine Fremdwörter. Worauf ich damit aber eigentlich hinweisen möchte, ist, dass die Gefahr besteht, uns gegenseitig nicht richtig zu verstehen, und deshalb möchte ich vorschlagen, dass wir Wörter benutzen, von denen wir sicher sind, dass diese alle Anwesenden im Seminar kennen." Bisher kam bei diesem Vorschlag immer die Zustimmung. Übrigens, Sie brauchen jetzt in keinem Wörterbuch nachzuschauen, die von mir benutzten Wörter sind reine Kunstwörter.

In einer Talk-Show ging es um das Thema Mut, und es wurde hin und her diskutiert, ohne dass sich die Teilnehmer richtig verstanden. Was fehlte? Wenigstens einmal den Vorschlag zu machen, sich darauf zu einigen, was Mut eigentlich bedeutet. Die Definition „die Fähigkeit, gewagte Situationen einzugehen" hätte sicher den Teilnehmern geholfen, Mut nicht ständig mit Leichtsinn zu verwechseln, was man mit „Sorglosigkeit oder Unvorsichtigkeit" definieren kann.

Einer meiner Seminarteilnehmer gab dazu den Kommentar: „In eine Talk-Show gehen viele Teilnehmer verwirrt hinein und kommen dann anschließend noch verwirrter wieder heraus – nur auf einem höheren Niveau." Ein anderer Teilnehmer ging darauf ein und wies auf die vielen Worthülsen hin, wenn Politiker zu einem Thema etwas sagen, und schlug eine neue Talk-Show vor, mit dem Titel: „Keiner fragt und Politiker antworten." Sicher sind das extreme Überzeichnungen, machen aber deutlich, wie schwierig es ist, sich richtig zu verstehen. Es gibt auch das Zitat: „Wer länger als eine Minute spricht, wird schon missverstanden!" Auch eine Überzeichnung, aber mit viel Wahrheit.

Folgendes Beispiel kann klar machen, dass auch Wörter, die wir kennen, zu einem Missverstehen führen können: „Janette liegt tot auf dem Boden in einer Lache, das Fenster ist geöffnet, und um sie herum liegen viele Scherben. Hannes liegt im Nebenraum und weint." Die Teilnehmer haben nun die Aufgabe herauszufinden, was passiert ist, und die meisten Teilnehmer haben eine Geschichte im Kopf, die sich wie folgt darstellt: „Janette hat das Fenster geputzt und ist von der Leiter gestürzt, ihr Ehemann hat Janette gefunden und weint." Was erst nach längerer Zeit hinterfragt wird, ist die Lache. Es handelt sich nicht um eine Blutlache, wie meistens angenommen wird, sondern um eine Wasserlache, und die Scherben sind nicht vom Fenster, sondern von einem Goldfischglas, und Janette ist kein Mensch, sondern ein Fisch. Hannes, ein kleiner Junge, hat seinen Goldfisch so genannt. Durch einen Sturm hat das Fenster gegen das Goldfischglas gedrückt, und es fiel auf den Boden.

Die Geschichte über Janette macht nochmals klar, wie wichtig es ist, das Verstehen zu fördern, indem Rückfragen gestellt werden: „Was verstehen Sie unter ... (zu definierendes Wort) genau? Was meinen Sie mit ... (Fremdwort)?" Es gibt keine dummen Fragen – nur dumme Antworten.

Erweiterung von Informationen

Trotz Klarheit über die Bedeutung der von Ihnen gelesenen oder gehörten Wörtern kann es sein, dass sich die Informationen nicht gut einprägen. Meistens ist das der Fall, wenn etwas nicht anschaulich vorgetragen oder beschrieben wird, da die unterstützende bildhafte Sprache und die Beispiele fehlen. Sie spüren, dass Sie sich das Gehörte oder Gelesene nicht richtig vorstellen können. Schnelles Verstehen und eine klare Vorstellung sind immer abhängig von den Vorinformationen und Vorerfahrungen, die man zu einem bestimmten Gebiet hat. Wenn diese nicht vorhanden sind, dann ist es sinnvoll, den Informationsinhalt zu erweitern und zu einigen Beispielen oder Vorstellungsbildern zu kommen.

Mal angenommen, Sie hören: „Marketing ist die vorgeplante Koordination aller Absatzbemühungen eines Unternehmens." Diese Aussage alleine wird nicht ausreichen, um sofort zu einer klaren Vorstellung zu kommen und zu verstehen, was Marketing alles umfasst. Wenn Ihnen aber jemand anschaulich erzählt, wie ein Fernsehspot für die Werbung im Fernsehen gedreht wird, wie eine Werbeanzeige für eine Illustrierte getextet und gestaltet wird, wie ein Auto vor dem Supermarkt aufgebaut und verlost werden soll und wie dafür die genauen Zeiten und Termine abgestimmt werden, dann bekommen Sie Vorstellungsbilder, die sich einprägen, und Sie fangen an zu verstehen, was Marketing ist. Die Idee von Marketing wird zu einem inneren Erlebnis. Auf ganz natürliche Weise werden alle Informationen in Ihrem Gedächtnis eingeprägt. Daran können Sie auch erkennen, dass sich eine längere, dafür aber bildhafte Information leichter behalten lässt als eine kurze, dafür aber sehr abstrakte Information.

Die Erweiterung der Information soll dazu dienen, zu anschaulichen Bildern oder Erlebnissen zu kommen. In der

Praxis werden leider Informationen nicht immer anschaulich vermittelt, vielleicht kommt daher auch die Aussage: „Wenn alles schläft und einer spricht, dann nennen wir das Unterricht!“ Fragen Sie nach, wenn Sie merken, dass Sie sich wenig darunter vorstellen können, zu dem, was Sie gerade hören. Eine Frage, die Sie stellen könnten, wäre: „Können Sie mir das bitte an einem Beispiel verdeutlichen?“ Beim Lesen können Sie versuchen, sich einen Sachverhalt an einem selbst konstruierten Beispiel klar zu machen.

Das Erweitern von Informationen kann auch sinnvoll in der täglichen Arbeitspraxis eingesetzt werden, um herauszufinden, was der andere wirklich haben möchte. Wenn der Vorgesetzte zu einem Mitarbeiter sagen würde: „Ich brauche von diesen 30 Arbeitsblättern 50 Fotokopien“, und dann die Unterlage überreicht, dann hat er für sich eine Vorstellung von dem, was er bis wann haben möchte. Diese Vorstellung muss aber nicht mit der des Mitarbeiters übereinstimmen. Sinnvolle Rückfragen des Mitarbeiters könnten sein: „Sortiert oder unsortiert? Bis wann brauchen Sie die Fotokopien spätestens? Sollen die jeweils 30 Arbeitsblätter geheftet werden oder wie hätten Sie das gern?“ Das Erweitern der Information hilft, in diesem Fall besser zu verstehen, was der andere wirklich will, und gleichzeitig prägt sich ein klarer innerlicher Handlungsablauf ein.

Die Erweiterung von Informationen kann auch beinhalten, dafür zu sorgen, eigene Erfahrungen zu machen. Wenn Sie beispielsweise die Bedienungsanleitung eines neuen Handys durchlesen, werden Sie anschließend viel darüber wissen, was mit dem Handy alles möglich ist, aber ob Sie genau verstanden haben, wie es richtig zu bedienen ist und in welcher Reihenfolge was zu tun ist, das ist eine andere Sache. Durch Ausprobieren einzelner Handlungen sammeln Sie die notwendigen Erfahrungen, die Sie brauchen, um besser zu verstehen und zu behalten, wie das neue Handy zu bedienen ist. Dabei ist es ein Unterschied, ob es sich um Ihr erstes

Handy handelt, das Sie gekauft haben, oder ob Sie bisher schon mehrere Handys vorher benutzt haben. Die Vorinformationen und Vorerfahrungen im zweiten Fall erleichtern den Lernprozess.

Generell kann man festhalten: Von dem, was man hört oder liest, behält man in den meisten Fällen weniger als von dem, was man sieht. Am besten aber prägen sich die Dinge ein, die man selbst tut und die so zu einem wirklichen oder inneren Erlebnis werden. Erweitern Sie deshalb Informationen, um besser zu verstehen und zu behalten. Sorgen Sie für Bilder, Beispiele und machen Sie eigene Erfahrungen zu dem, was Sie sich geistig aneignen möchten.

Reflektionstechnik

Wir glauben oft, eine Information verstanden und behalten zu haben. In Wirklichkeit ist es nicht immer so! Es wird deutlich, wenn man die Informationen mit eigenen Worten wiederholen will. Spätestens dann merkt man sehr gut, was man alles nicht richtig verstanden und behalten hat. In den Seminaren lasse ich zur Veranschaulichung dieser Tatsache einen Text über mehrere Personen weitererzählen. Es ist interessant zu beobachten, wie die Information verfälscht wird und am Ende etwas ganz anderes dabei herauskommt, als das, was am Anfang gesagt wurde. Ein Seminarteilnehmer erinnerte sich an einen Text, der diese Informationsverfälschung verdeutlicht, und gab am nächsten Tag dieses Beispiel zum Besten:

- Der Oberst sagt zum Adjutanten: „Morgen früh um neun ist eine Sonnenfinsternis. Etwas, was nicht alle Tage passiert. Die Männer sollen im Drillich auf dem Kasernenhof stehen und sich das seltene Schauspiel ansehen. Ich werde es ihnen erklären. Wenn es regnet, werden wir nichts sehen. Dann sollen sie in die Sporthalle gehen."
- Der Adjutant zum Hauptmann: „Befehl vom Oberst: Morgen früh um neun ist eine Sonnenfinsternis. Wenn es regnet, kann man sie vom Kasernenhof nicht sehen, dann findet sie im Drillich in der Sporthalle statt. Etwas, was nicht alle Tage passiert. Der Oberst wird erklären, warum das Schauspiel selten ist."
- Der Hauptmann zum Leutnant: „Schauspiel vom Oberst: Morgen früh neun Uhr Einweihung der Sonnenfinsternis in der Sporthalle. Der Oberst wird erklären, warum es regnet. Sehr, sehr selten so was!"
- Der Leutnant zum Feldwebel: „Seltener Schauspielbefehl: Morgen um neun Uhr wird der Oberst im Drillich die Son-

ne verfinstern, wie es alle Tage passiert in der Sporthalle, wenn ein schöner Tag ist. Wenn es regnet: Kasernenhof!"

- Der Feldwebel zum Unteroffizier: „Morgen um neun Verfinsterung des Obersten im Drillich wegen der Sonne. Wenn es in der Sporthalle regnet, was nicht alle Tage passiert, antreten auf dem Kasernenhof. Sollten Schauspieler dabei sein, sollen sie sich selten machen."
- Gespräch unter den Soldaten: „Hast du schon gehört, wenn es morgen regnet?" „Ja, ich weiß – der Oberst will unseren Drillich verfinstern. Das dollste Ding: Wenn die Sonne keinen Hof hat, will er ihr einen machen. Schauspieler sollen Selters bekommen, typisch. Dann will er erklären, warum er aus rein sportlichen Gründen die Kaserne nicht mehr sehen kann. Schade, dass das nicht alle Tage passiert."

Das Beispiel verdeutlicht auch, wie Gerüchte entstehen können. Weglassen, Verfälschen und Hinzufügen führt zur Informationsveränderung. Die Reflektionstechnik soll helfen, die neu aufzunehmende Information besser zu verstehen und zu behalten. Wenn Sie jemandem zuhören und spüren, das sind jetzt zu viele Informationen, zu schnell hintereinander, oder das ist zu kompliziert, dann können Sie mit der Reflektionstechnik versuchen, aktiv einzugreifen. Dazu formulieren Sie: „Wenn ich das bis hierher richtig verstanden habe, dann ... (und jetzt wiederholen Sie das, was Sie gehört haben) – ist das so richtig?" Mit der Reflektionstechnik kann der Redefluss des anderen gestoppt werden, und Sie gewinnen Zeit, die Information zu verarbeiten. Sie überprüfen mit der Reflektionstechnik, ob Sie in der Lage sind, sinngemäß die relevanten Informationen wiederzugeben. Durch die nochmalige Wiederholung mit eigenen Worten prägt sich die Information besser ein. Missverständnisse können schneller ausgeräumt werden.

Wahrscheinlich wird deshalb diese Technik als Spielregel im Vorfeld therapeutischer Maßnahmen bei Ehepaaren eingesetzt, die sich gegenseitig ständig angreifen und keiner dem anderen mehr richtig zuhört. Beim Therapeuten findet nun ein kontrollierter Dialog statt. Das Ehepaar sitzt sich gegenüber und einer beginnt seinem Partner mitzuteilen, was er nicht gut findet und worüber er sich aufregt. Normalerweise reichen dann schon wenige Stichwörter oder besser Reizwörter aus, um den anderen zu unterbrechen und ihm seinerseits mitzuteilen, wie man selbst darüber denkt. Genau aber das ist von der Spielregel her verboten. Man darf erst zum anderen etwas sagen, wenn man zuvor sinngemäß richtig und vollständig wiederholt hat, was der andere gerade gesagt hat. Nach der Wiederholung mit der Reflektionstechnik muss dann auch noch die Frage gestellt werden: „Habe ich dich so richtig verstanden?" Erst auf das Ja des Partners darf etwas erwidert werden, und nun gilt die Spielregel auch für den anderen Partner. So geht das hin und her und es kann sein, dass sich die beiden Streithähne seit vielen Jahren zum ersten Mal richtig verstehen, da sie gezwungen sind, dem anderen Partner genau zuzuhören.

Die Reflektionstechnik lässt sich auch beim Lesen einsetzen. Versuchen Sie, bestimmte für Sie wichtige Lesepassagen direkt anschließend nach dem Lesen mit eigenen Worten wiederzugeben, um zu überprüfen, ob Sie die Informationen richtig verstanden und behalten haben. Tun Sie einfach so, als würden Sie die Information einem anderen erklären. Sie merken dann, was Sie möglicherweise noch nicht so genau verstanden haben, und können das sofort nachbessern. Bei dieser Vorgehensweise wird die neu aufgenommene Information nicht nur sehr gut verstanden, sondern auch sehr wirksam dem Gedächtnis eingeprägt.

Anschaulich skizzieren

Ein Text oder ein Vortrag, der nicht anschaulich vermittelt wird, fördert weder das Verstehen noch das Behalten. Deshalb sind Sie bei komplizierten, abstrakten Informationen gefordert, sich die gelesenen oder gehörten Informationen so aufzubereiten, dass Sie eine klare Vorstellung davon bekommen, worum es geht. Dabei wäre es vorteilhaft zu versuchen, die Informationen zeichnerisch ohne Text (Stichwörter und Abkürzungen ausgenommen) auf einem Blatt Papier darzustellen. Diese Art des Skizzierens hilft dabei nicht nur dem Verstehen, sondern bringt darüber hinaus dem Gedächtnis Eindrucksbilder, die sich einprägen können. Man sieht seine entwickelte Skizze sozusagen vor dem geistigen Auge und kann die einzelnen Informationen von dort ableiten.

Wie lassen sich nun Informationen skizzieren? Die einfachste Art wäre, Stichwörter miteinander durch Pfeile zu verbinden, sodass anschließend der Gesamtzusammenhang einer Information auf einen Blick erfasst werden kann. Beispielsweise kann eine Information nach Ursache und Wirkung untersucht werden. Dann brauchen nur noch die Stichwörter aufgeschrieben werden, die Ursachen und Wirkungen bezeichnen. Der einfache Satz „Der Anruf erschreckte ihn so sehr, dass ihm das Buch aus der Hand fiel", könnte als Strukturierungsskizze wie folgt aussehen: „Anruf → Schreck → Buch". Die Ursache „Anruf" wird zur Wirkung „Schreck" und der Schreck wird zur Ursache für die Wirkung, dass das Buch aus der Hand fiel.

Ein zweites Beispiel mit einem einfachen Satz: „Die Preiserhöhung war durch höhere Kosten und längere Arbeitszeiten bedingt." Hier sind zwei Ursachen für eine Wirkung verantwortlich und die Strukturierungsskizze könnte so aussehen: „Kosten → Preiserhöhung ← Arbeitszeit". Beide

Ursachen zeigen mit einem Pfeil auf die Wirkung „Preiserhöhung“. Würden nur Stichwörter untereinander geschrieben werden, kann der Gesamtzusammenhang schlechter abgeleitet werden als bei einer Strukturskizze. Eine Sammlung von Informationen lässt sich auch gut über einen Baum mit vielen Ästen und Zweigen darstellen, wobei an den Ästen und Zweigen die Stichwörter stehen (Mindmapping).

Bei der zeichnerischen Darstellung versucht man, die Stichwörter in Skizzen umzusetzen, um dem Gedächtnis noch bessere Eindrucksbilder zu liefern. Das Stichwort „Anruf“ lässt sich mit dem Bogen eines Telefonhörers zeichnen oder das Stichwort „Buch“ lässt sich als Buchumriss skizzieren.

Beim Lernen müssen für bestimmte Aufgaben auch Lösungen gefunden werden. Je komplexer oder schwieriger die Aufgabe, desto wichtiger ist es, sich den Sachverhalt visuell darzustellen. Bei einer guten anschaulichen Skizze ist es manchmal möglich, die Lösung sofort zu sehen. Folgende Aufgabe soll das verdeutlichen:

- Ein Zufallsgenerator ist so eingestellt, dass er zwei Zahlen erzeugt. Entweder die 0 oder die 1. Außerdem ist der Zufallsgenerator so eingestellt, dass er bei zweimaliger Benutzung mindestens ein Mal die 1 erzeugt. Sie benutzen den Zufallsgenerator zwei Mal. Wie groß ist die Wahrscheinlichkeit, dass beim zweiten Mal die 1 erzeugt wird?

Bei dieser Aufgabe visualisieren die wenigsten Seminarteilnehmer. Relativ schnell wird behauptet: 50 Prozent, was aber nicht stimmt. Diejenigen, die sich die Möglichkeiten auf einem Blatt Papier darstellen, kommen sofort zur richtigen Lösung. Der Zufallsgenerator wird zwei Mal benutzt. Wie lässt sich darstellen, was sich alles ergeben kann?

- Matrix-Skizze:

	Fall A	Fall B	Fall C	Fall D
1. Ergebnis:	1	1	0	0
2. Ergebnis:	1	0	1	0

Da der Zufallsgenerator so eingestellt ist, dass er bei zweimaliger Benutzung mindestens ein Mal die 1 erzeugt, kann es nicht sein, dass sich der Fall D ergibt – also Fall D durchstreichen. Das bedeutet Fall A und Fall B gegen Fall C – somit beträgt die Wahrscheinlichkeit beim zweiten Ergebnis die 1 angezeigt zu bekommen 2:1, was man bei dieser Matrix-Skizze sofort erkennen kann.

Die Technik der anschaulichen Darstellung durch Skizzen kann auch in Gesprächen, in Seminaren oder anderen Zuhörsituationen eingesetzt werden. Sie können sich anschließend über Ihre Aufzeichnungen besser daran erinnern, was gesagt wurde, Sie bleiben beim Zuhören aktiv, weil Sie skizzieren, und Sie können schon während des Verlaufs der Informationsaufnahme besser bemerken, was nicht stimmig ist oder wo Ihnen noch Informationen fehlen. Wichtig ist nur, dass Sie sich nicht so in Ihre Zeichnungen und Stichwörter vertiefen, dass Sie nicht mehr zuhören und Ihnen dadurch Informationen verloren gehen.

Wiederholung

Nicht alle Informationen prägen sich dem Gedächtnis so ohne weiteres dauerhaft ein. Besonders abstrakte Informationen wie Zahlen, Formeln, Vokabeln, Namen und neuer komplizierter Lernstoff bereiten vielen Menschen Schwierigkeiten. Schon seit unserer Schulzeit wissen wir, wie wichtig Wiederholungen für unsere Gedächtnisarbeit sind. Der Umgang mit Wiederholungen wird aber meistens nicht optimal organisiert. Es kommt auf die Information an, wie wir vorgehen. Eine gut verknüpfte bildhafte Vorstellung ist wahrscheinlich auch nach einer Woche noch abrufbar und muss erst dann wiederholt werden. Eine neue Vokabel oder ein Name dagegen kann ohne Wiederholung zwischendurch schon am nächsten Tag nicht mehr abrufbar sein.

Es kommt darauf an, ein Gefühl dafür zu entwickeln, wie das eigene Gedächtnis die unterschiedlichen Informationsarten speichert und wann diese zum ersten Mal wiederholt werden müssen. Aufgrund solcher Erkenntnisse kann sich jemand, der sich schlecht Namen einprägen kann, angewöhnen, in der ersten Minute, nachdem der Name genannt wurde, die Person mit Namen anzusprechen, und wenn sich das nicht ergibt, es wenigstens innerlich zu tun. Nach spätestens zwanzig Minuten kommt die zweite Wiederholung, und am Ende des Tages könnte sich jemand angewöhnt haben, den Tag nochmals geistig vor sich ablaufen zu lassen, wobei der Name zum dritten Mal wiederholt wird. Durch die Wiederholung in immer größer werdenden Abständen wird der Name wirksam ins Gedächtnis eingeprägt.

Zum Anfang meiner Seminartätigkeit kam in meiner Geburtsstadt Berlin jemand auf mich zu und sprach mich mit Namen an. Ich konnte mich nicht erinnern, ihn schon einmal kennen gelernt zu haben. Wie sich herausstellte, war es ein Klassenkamerad aus meiner Schulzeit. Er konnte viel von dem erzählen, was damals so alles stattgefunden hat, und damit brachte er einige Assoziationsreize, die mir halfen, mich besser zu erinnern. Er war auch in der Lage, alle Schüler mit Namen aus dem Gedächtnis abzurufen. Das machte mich neugierig. Ich vermutete ein außergewöhnliches Gedächtnis und machte mit ihm einen kleinen Behaltenstest. Das Ergebnis war nur durchschnittlich. Aber wieso konnte er sich so weit an die Schulzeit zurückerinnern? Das Geheimnis lag in der Wiederholung, denn die weitere Unterhaltung ergab, dass er sehr oft sein Fotoalbum durchsah und dann bei den Klassenfotos verweilte. Er schaute sich nicht nur die Gesichter an, sondern ließ Namen und Erlebnisse mit diesen Personen in der Erinnerung ablaufen. Diese Informationen wurden von ihm durch die vielen Wiederholungen außerordentlich gut eingeprägt.

In der täglichen Praxis oder in Lernsituationen stoßen wir immer wieder auf Informationen, die sich nicht so leicht einprägen. Diese müssen dann mehr oder weniger eingepaukt werden. Es hat sich bewährt, solche Informationen in immer größer werdenden Abständen zu wiederholen. Die optimalen Wiederholungszeitpunkte liegen kurz vor dem Vergessen einer Information. Schwer einprägsame Informationen bleiben nur kurz in unserem Gedächtnis und verabschieden sich sofort, wenn diese nicht innerhalb kürzester Zeit wiederholt werden. Andere Informationen muss man erst nach längerer Zeit wieder auffrischen. Ziel sollte es aber sein, die Abstände für Wiederholungen immer mehr zu vergrößern. Am motivierendsten für unser Gedächtnis ist es, wenn die neu aufgenommenen Informationen auch in der Praxis eingesetzt werden.

Wiederholungen ohne die Motivation, die Information wirklich behalten zu wollen, sind weniger erfolgreich. Es kann sein, dass man eine Telefonnummer des Öfteren wählt, ohne dass sich diese einprägt. Trotz Wiederholung durch die Anwahl ist die Telefonnummer nicht im Gedächtnis verankert. Man hat sich angewöhnt, immer wieder im Telefonverzeichnis nachzusehen. Wiederholung alleine führt also nicht unbedingt zum Erfolg. Die Motivation zum Behalten gehört dazu. Ein Seminarteilnehmer machte in einem Seminar den Vorschlag, ohne auf die eigene Armbanduhr zu schauen, diese aus dem Gedächtnis heraus zu beschreiben. Dazu stellte er folgende Fragen: „Stehen auf der Uhr Zahlen? Römische Ziffern? Wo befindet sich der Markenname der Uhr? Welcher Text steht da?“ Die meisten Seminarteilnehmer konnten diese Fragen nicht richtig beantworten. Trotz des täglichen, wiederholten Blicks auf die Uhr haben sich die Details nicht abrufbar eingeprägt. Dieses Beispiel verdeutlicht nochmals, dass zur Wiederholung die Behaltensmotivation dazugehört.

Lernkartei

Um das Lernen von großen Informationsmengen wie beispielsweise Vokabeln zu organisieren, werden verschiedene Systeme der so genannten Lernkartei, manchmal auch bezeichnet als 5-Fächer-Lernkartei, beschrieben.

Ein Karteikasten von 30 cm Länge und 11 cm Breite wird so aufgeteilt, dass sich insgesamt fünf Abteilungen ergeben. Dazu werden Trennpappen eingeklebt. Immer vom Anfang des Karteikastens aus gerechnet werden die Trennpappen wie folgt eingeklebt: Nach 1 cm – nach 3 cm – nach 8 cm – nach 16 cm. So erhalten Sie fünf Fächer in unterschiedlichen Größen mit den Maßen: 1 cm – 2 cm – 5 cm – 8 cm – 14 cm. Damit haben Sie die Grundlage für ein sich selbst steuerndes Intervall-Lernen geschaffen, bei der Informationen in immer größer werdenden Abständen wiederholt werden.

Nun brauchen Sie noch Karteikarten in der Größe DIN A7. Beim Lernen von Vokabeln wird auf die Vorderseite die Vokabel geschrieben (immer nur eine Vokabel für jede Karte), und auf die Rückseite kommt die Übersetzung. Sie können die Lernkartei auch für das Erlernen anderer größerer Informationsmengen einsetzen wie beispielsweise Telefonnummern: Auf die Vorderseite kommt der Name, und auf der Rückseite steht die Telefonnummer. Hervorragend auch geeignet für Prüfungsfragen: Auf die Vorderseite kommt die Prüfungsfrage und auf die Rückseite die Prüfungsantwort. Sehr gut auch einzusetzen, wenn es darum geht, Namen langfristig zu behalten: Auf der Vorderseite wird beschrieben, was einem mit Sicherheit einfällt oder auffällt, wenn man die Person sieht, und auf der Rückseite steht ihr Name.

Sie starten damit, dass Sie ca. 20–30 Karten in das erste Fach stellen, nachdem Sie sich die Informationen zum ersten Mal eingeprägt haben. Damit ist das erste Fach gefüllt. Immer wenn ein Fach mit Karteikarten gefüllt ist, dann ist das ein Zeichen, Kärtchen zu wiederholen. Am Anfang kann dieses Startsignal nur das erste Fach geben. Sie überprüfen nun, was Sie noch wissen. Schauen Sie auf die Vorderseite der Karteikarte und versuchen Sie sich zu erinnern, was auf der Rückseite steht. Gelingt Ihnen das, dann wird zur Belohnung die Karteikarte in das nächste Fach gestellt. Wissen Sie es nicht, dann bleibt die Karte in dem Fach stehen und wird hinten angestellt. Ist kein Fach voll mit Karteikarten gefüllt, dann werden neue Karten gelernt und in das erste Fach gestellt. Es kann nun einige Tage dauern, dann ist auch das zweite Fach gefüllt und gibt damit ein Signal zur Wiederholung. Hier nochmals die Lernregeln:

Lernen mit der Lernkartei

- Jeden Tag werden immer nur ca. 20–30 Karten neu gelernt oder wiederholt.
- Immer wenn ein Fach voll mit Karten gefüllt ist, werden die ersten ca. 20–30 Karten aus diesem Fach wiederholt.
- Ist kein Fach voll mit Karten gefüllt, wird das erste Fach mit neu gelernten Karten aufgefüllt.
- Weiß man beim Wiederholen, was auf der Rückseite steht, dann wird die Karte ein Fach weiter gestellt. Wenn sich schon Karten im Fach befinden, wird die Karte hinten angestellt.
- Weiß man beim Wiederholen nicht, was auf der Rückseite steht, dann bleibt die Karte im gleichen Fach und wird hinten angestellt. Ab dem zweiten Fach legt man eine „nicht-gewusste“ Karte ein Fach zurück.

Sicher haben Sie jetzt erkannt, was geschieht. Alle Karten, bei denen Sie immer sofort wussten, was auf der Rückseite steht, sind nach fünf Wiederholungen aus dem Karteikasten entfernt. Nur Karten mit Informationen, die man nicht immer gleich abrufen konnte, bleiben länger im Karteikasten. Manchmal dauert es eine Weile „Problemkärtchen" aus dem ersten Fach in das zweite Fach zu transportieren. Es kommt auch vor, dass Karten aus dem zweiten, dritten, vierten oder fünften Fach ein Fach zurückgestellt werden müssen. Durch dieses System ist aber gewährleistet, dass diese „Problemkärtchen" häufiger wiederholt werden, was letztlich zu einem wirksamen Einprägen führt. Relativiert wird dieser Nachteil, eine Karte nicht weitertransportieren zu können oder zurückstellen zu müssen, durch das Erfolgserlebnis, das man jedes Mal empfindet, wenn man eine Karte in das nächste Fach stellen oder letztlich aus dem Karteikasten herausnehmen kann.

Es macht Freude, sich den Wissensstoff mit der Lernkartei einzuprägen, wobei gleichzeitig die Lernmotivation über die Erfolgserlebnisse gefördert wird. Im Vergleich zu den Vokabelheften lässt sich auch erkennen, dass Lernen mit der Lernkartei Zeit sparender ist, da man nicht ständig auch die Vokabeln wiederholt, die sich dem Gedächtnis schon längst dauerhaft eingeprägt haben.

Es ist außerordentlich leicht, jeden Tag ca. 20 – 30 Karten zu wiederholen, da der Wiederholungsvorgang im Tagesverlauf zu unterschiedlichen Zeitpunkten durchgeführt werden kann. Stecken Sie sich frühmorgens ca. 20–30 Kärtchen in die linke Jackentasche. Im Verlauf des Tages greifen Sie in die Jackentasche und ziehen sich die erste Karte heraus. Gelingt es Ihnen zu wissen, was auf der Rückseite steht, dann stecken Sie das Kärtchen in die rechte Jackentasche. Gelingt es Ihnen nicht, sich richtig zu erinnern, dann wird diese Karte verkehrt herumgedreht, damit Sie wissen, dass Sie diese Karte schon wiederholt haben. Lassen Sie diese umgedrehte Karte in der linken Jackentasche. So gehen Sie im Verlauf des Tages alle Karten durch. Zu Hause angekommen, stellen Sie alle Kärtchen, die sich in der rechten Jackentasche befinden, ein Fach weiter. Alle Karten in der linken Jackentasche werden in das Fach zurückgestellt, aus dem Sie diese entnommen haben, oder werden ein Fach rückwärts hineingestellt.

Ich halte die Lernkartei für eine der wirksamsten Methoden, umfangreichen Lernstoff auswendig zu lernen.

11

Zielorientierte Informationsaufnahme

Rationelles Lesen

Was ist rationelles Lesen? Mit dem nachfolgenden Beispiel können Sie sich klar machen, was ich damit meine. Es geht darum, möglichst schnell in dem nachfolgenden Text ein ganz bestimmtes Wort zu finden, bezeichnet als Lösungswort. Nehmen Sie eine Uhr und stoppen Sie die Zeit, wie lange Sie brauchen, das richtige Wort zu finden. Es geht los!

Zunächst einmal etwas zum optimalen Lesen von Fachliteratur:

A. Die Drei-Gang-Methode
Ungeübte Leser neigen dazu, die unterschiedlichsten Texte Seite für Seite mit immer der gleichen Methode durchzulesen. Das mag zum Beispiel für Romane sinnvoll sein, ist es aber nicht für Fachliteratur. Hier empfiehlt sich die Drei-Gang-Methode, die nachstehend beschrieben wird.

1. Gang: Grob überfliegen
Als Erstes sollte man die Orientierungshinweise des Buches oder Textes, insbesondere das Inhaltsverzeichnis,

die Kapitelüberschriften usw. nutzen. Es kommt darauf an, zu kontrollieren, ob das Buch oder der Text das enthält, was man wissen will oder was von Interesse ist. Dazu kann auch das Diagonallesen angebracht sein: Hierbei überfliegt man bestimmte Textstellen möglichst schnell und prüft, ob diese lesenswert sind.

2. Gang: Gezieltes Lesen
Mit angemessener Geschwindigkeit werden jetzt die herausgefilterten Stellen gelesen. Bei neuen Inhalten liest man gründlich und langsam, bei größtenteils bekannten Inhalten überfliegt man den Text. Wichtige Stellen werden markiert.

3. Gang: Zusammenfassen
Nun geht es darum, den gelesenen Inhalt mit eigenen Worten zusammenzufassen. Durch diese Wiederholung werden die Informationen besser eingeprägt, gleichzeitig merkt man aber auch, was man eventuell nicht richtig verstanden hat.

B. Auf der Suche nach dem Lösungswort
Haben Sie den Abschnitt A genau durchgelesen? Das war vielleicht eine interessante Information und kann für Ihr weiteres Lernverhalten wichtig sein. Für die Zielsetzung, das Lösungswort möglichst schnell zu finden, war es aber nicht notwendig, diesen Abschnitt zu lesen. Sie haben also den ersten Gang der Drei-Gang-Methode nicht genutzt: Überblick gewinnen. Die Orientierung an den Überschriften hätte Ihnen schneller weitergeholfen. Wahrscheinlich hätten Sie dabei festgestellt, dass Sie dieser Abschnitt, den Sie jetzt gelesen haben, dem gesuchten Lösungswort näher bringt, aber erst der Abschnitt C weist auf die Suchanweisung hin und somit war es auch nicht wichtig, diesen Abschnitt B zu lesen.

C. Suchanweisung
Schreiben Sie den Anfangsbuchstaben und den Endbuchstaben Ihres Namens auf die Blattrückseite. Bilden Sie nun ein Wort mit fünf Buchstaben, indem Sie noch drei Buchstaben zwischen die von Ihnen notierten Buchstaben schreiben. Es sollte sich ein sinnvolles Wort ergeben. Haben Sie alles so gemacht wie eben beschrieben? Dann sollten Sie in Zukunft Texte zu Beginn erst überfliegen und herausfiltern, was wirklich wichtig und lesenswert ist. Sie suchen nach dem Lösungswort? Ganz einfach: Das Lösungswort hat 13 Buchstaben und ist die Überschrift zu C dieses Abschnitts. Bitte schreiben Sie nur dieses Wort auf ein Extra-Blatt, um auszudrücken, dass Sie die Aufgabe gelöst haben.

Diesen „Lesetest unter Zeitstress" führe ich im Seminar durch, um zu verdeutlichen, dass wir es uns noch nicht alle zur Gewohnheit gemacht haben, beim Lesen von Fachliteratur und Fachartikeln rationell und damit Zeit sparend vorzugehen.

Wer Zeit sparend lesen möchte, der kann ein Fachbuch oder einen Fachartikel nicht wie einen Roman von vorne nach hinten durchlesen, sondern muss eher nach interessanten Informationen in den Texten suchen. Die Fähigkeit, sehr schnell lesen zu können, eignet sich besonders gut zum Suchen nach interessanten Informationen. Es ist eher ein Überfliegen, bis man zu der Stelle kommt, die wirklich wichtig ist. Und an dieser Stelle sollte man die notwendige Zeit investieren, die Informationen richtig zu verstehen und behaltenswirksam zu speichern. Dabei müssen neue Informationen mit bereits bekannten Informationen verknüpft werden, es muss überprüft werden, ob die neu aufgenommene Information auch richtig verstanden wurde, mitunter muss das Verstehen und Behalten durch ein Beispiel vertieft werden, und das bedeutet, das Lesetempo zu variieren: Schnelles Lesen für das Suchen – sorgfältiges Lesen für das Verstehen. In der Praxis hat es sich außerdem bewährt, Textstellen durch Unterstreichungen oder Randnotizen zu markieren, um bei einer späteren Nachbearbeitung schnell die wichtigen Stellen in den Texten zu finden.

Das Wesentliche

Was ist eigentlich das Wesentliche an einer Information? Lesen Sie den nachfolgenden Text bitte aufmerksam durch:

Stellen Sie sich einmal vor, Sie sind der Fahrer eines Busses und Sie fahren gerade mit 20 Fahrgästen auf eine Haltestelle zu. An dieser Haltestelle steigen 10 Fahrgäste aus und 5 Fahrgäste steigen dazu. Sie fahren weiter, und an der nächsten Haltestelle steigen 3 Fahrgäste dazu, an den beiden nächsten Haltestellen steigen insgesamt 7 Fahrgäste dazu. An der nächsten Haltestelle steigen 2 Fahrgäste aus. An den nächsten beiden Haltestellen steigen 8 Fahrgäste aus und 3 Fahrgäste dazu.

Als Sie diesen Text gelesen haben, wussten Sie wahrscheinlich noch nicht, was das Wesentliche an dieser Information ist, denn ich habe vorher nichts darüber geschrieben, mit welchem Ziel Sie die Information aufnehmen sollen. Möglicherweise haben Sie gedacht, dass ich anschließend die Frage an Sie formuliere: „Wie viele Fahrgäste befinden sich im Bus?“ Aber meine Frage an Sie heißt: „Wie oft hat der Bus gehalten und wie heißt der Fahrer des Busses?“ Hätten Sie vorher gewusst, dass ich Ihnen diese Frage stelle, dann hätten Sie sich beim Lesen auf etwas anderes konzentriert. Sie hätten gewusst, was das Wesentliche an der Information ist.

Das Wesentliche an einer Information ist der Teil der Information, den wir für irgendeinen Zweck brauchen. Wüsste man also schon vor einer Prüfung, was der Prüfer fragt, dann wüssten wir, dass nur die richtigen Antworten wichtig sind. Durch die Klarheit über das Ziel wissen wir, welche Informationen benötigt werden, um das Ziel zu erreichen. Eine Information kann aber auch zufällig zu einer wichtigen

Information werden, weil Sie schnell erkennen, dass Sie mit dieser Information etwas anfangen können. Würden Sie beispielweise in einer Computerzeitschrift blättern und eine Programmbeschreibung entdecken, die aufzeigt, dass Sie mit diesem Programm Ihre Adressen und Telefonnummern leichter verwalten können, dann wird diese Information für Sie zu einer wichtigen Information, weil Sie damit etwas anfangen können. Sie könnten mit diesem Programm Ihrem Ziel näher kommen, sich noch Zeit sparender zu organisieren.

Zusammenfassend bedeutet das: Das Wesentliche ist die Information, die wir gebrauchen können oder benötigen, ein bestimmtes Ziel zu erreichen.

Zielklarheit und Motivation

Je mehr Klarheit wir über die Ziele haben, desto genauer wissen wir, welche Informationen wir verstehen, behalten und lernen müssen. Auch unbewusste Ziele spielen bei der Informationsaufnahme eine Rolle. Dabei wird unbewusst und automatisch entschieden, was im Gedächtnis verankert wird und welche Informationen wir wieder vergessen. Unsere Wahrnehmung wird entsprechend gesteuert. Wer beispielsweise vorhat, ein Notebook zu kaufen, wird viel bewusster wahrnehmen, wie viel verschiedene solcher Computer es gibt. Er wird Anzeigen und Berichte über Notebooks viel intensiver wahrnehmen als sonst. Das Interesse an diesen Dingen wird über den Wunsch ausgelöst, in Zukunft selbst ein Notebook zu besitzen, und über die Motivation, keine falsche Entscheidung zu treffen. Wichtige Informationen werden dem Gedächtnis automatisch eingeprägt.

Sie könnten sich als Ziel setzen, Menschen, die Sie kennen lernen, in Zukunft mit ihrem Namen anzusprechen, wenn Sie diese wieder treffen. Würde diese Zielklarheit ausreichen, um sich diese Namen auch besser einzuprägen? Möglicherweise. Stellen Sie sich bitte einmal vor, zusätzlich würden Sie in Zukunft noch einen bestimmten Geldbetrag auf Ihr Konto überwiesen bekommen, wenn Sie eine Person richtig mit Namen ansprechen. Wenn das so wäre, würde sich Ihre Motivation verstärken, das bedeutet, Sie hätten einen viel stärkeren Beweggrund, für das Einprägen von Namen Energie und Zeit einzusetzen. Wahrscheinlich würden Sie sämtliche Gedächtnistechniken zur Anwendung bringen, die Sie kennen, und Ihr Namensgedächtnis würde auf einmal funktionieren.

Ein Seminarteilnehmer sagte zu Beginn des Seminars zu mir: „Ich möchte ja gern das Geheimnis eines gut funktionierenden Gedächtnisses kennen lernen, aber ich habe das dumpfe Gefühl, irgendwie hängt das mit Arbeit zusammen!“ Das war die richtige Erkenntnis. Die beschriebenen Lernziele und das, was ein Seminarteilnehmer anschließend mit seinem Gedächtnis konkret besser anstellen kann, reichen alleine nicht aus, um zu erreichen, dass die Techniken in der Praxis auch eingesetzt werden. Das Bequemlichkeitsbedürfnis kann hier gnadenlos zuschlagen. Erst die Motivation, der konkrete Beweggrund, zu wissen, warum es sich lohnt, sich mit dieser oder jener Information intensiver zu beschäftigen, führt dazu, dieses auch zu tun. Zielklarheit und Motivation sind die Stützpfeiler für ein gutes Gedächtnis.

12

Energie und Konzentration

Energie

Geistige Kraft oder Energie wird besonders dann benötigt, wenn wir uns konzentrieren müssen. Wenn ein Autofahrer übermüdet ist, dann verfügt er zur Zeit über wenig Energie, um seine volle Aufmerksamkeit auf den Verkehr richten zu können. Ein Student, der lustlos, genervt oder übermüdet vor seinen Lernmaterialien sitzt, verfügt nicht über die Menge an geistiger Kraft, die er benötigt, um sich auf das Lernen konzentrieren zu können. Beide müssen etwas für ihren Energiezustand tun, um ihre Konzentrationsfähigkeit zu verbessern. Die bekanntesten Patentrezepte sind dabei:

Geistige Kraft tanken

- eine Pause machen und sich entspannen
- aufstehen und laufen
- sich auf etwas anderes konzentrieren
- eine Kleinigkeit essen, etwas trinken

Finden Sie beim Lernen Ihre eigenen Strategien heraus, um Ihren Energiezustand zu verbessern.

Konzentration

Vielen Menschen fällt es schwer, sich auf etwas zu konzentrieren. Ablenkungen von außen oder Gedanken und Gefühle von innen verhindern, länger mit der Aufmerksamkeit bei der Sache bleiben zu können, die man gerade tut. Mnemotechnische Übungen fördern die Fähigkeit zur Konzentration, denn man ist gezwungen, immer bei der Information zu sein, die gerade gespeichert werden soll. Die eigenen Erfahrungswerte geben Aufschluss darüber, wie lange und wie intensiv man sich auf unterschiedliche Informationen konzentrieren muss, um zu erreichen, dass sich diese behaltenswirksam einprägen.

Häufig wird in den Seminaren die Problematik geschildert, sich nicht daran erinnern zu können, ob man die Wohnungstür abgeschlossen, die Fenster geschlossen oder die Kaffeemaschine abgeschaltet hat. Bei gewohnten Handlungen, die automatisch fast im Schlaf ausgeführt werden können, haben wir es uns mitunter angewöhnt, mit den Gedanken woanders zu sein. Die Konzentration ist nicht auf die Gegenwart gerichtet, sondern auf die Vergangenheit oder Zukunft. Möchte man sich erinnern, ob man diese gewohnten Handlungen ausgeführt hat, dann ist es notwendig, seine Aufmerksamkeit einen Moment lang auf diese Handlungen zum Zeitpunkt der Ausführung zu richten. Mit einem konzentrierten Rundgang durch die Wohnung und einem konzentrierten Abschließen der Wohnungstür ist das Problem leicht zu lösen. Auch das häufig geäußerte Problem, nicht mehr zu wissen, wo man etwas hingelegt hat, lässt sich leicht lösen, wenn man sich angewöhnt hat, die Dinge immer an den gleichen Platz zu legen.

Konzentrationsstörungen ergeben sich, wenn wir von dem, was wir gerade tun, abgelenkt werden. Das können Störungen von außen sein, wie beispielsweise ein Presslufthammer, oder Störungen von innen, wie beispielsweise Schmerzen, Müdigkeit, Gedanken und Gefühle. Es wird sicher jedem einleuchten, dass Kopfschmerzen nicht gerade dazu beitragen, sich gut konzentrieren zu können. Alles, was stört und ablenkt, kann dazu führen, dass die Informationen, mit denen man sich zur Zeit gerade beschäftigt, nicht sehr gut eingeprägt werden. Um die Probleme mit den Konzentrationsstörungen in den Griff zu bekommen, kann man sich folgende Fragen stellen:

- Kann ich die Situation so verändern, dass das, was mich ablenkt, verschwindet?
- Kann ich der Situation aus dem Wege gehen, sodass ich von der Ablenkung weit genug entfernt bin?
- Kann ich meine Einstellung zur Situation so verändern, dass ich die Ablenkung nicht mehr als störend empfinde?

Mal angenommen, Sie müssen konzentriert aus einem Fachbericht wichtige Informationen verstehen und behalten und merken, dass Sie in Ihrer Konzentration durch einen Mitarbeiter gestört werden, der Ihnen ständig etwas über seinen Ausflug am letzten Wochenende erzählt. Viele Seminarteilnehmer kennen eine solche Situation aus der Praxis, wenn man mit anderen Menschen in einem Raum arbeitet, und lösen die Störung auf unterschiedliche Art und Weise. Die einen bitten den Kollegen, das Erzählen auf einen anderen Zeitpunkt zu verschieben (Situation wird verändert – Ablenkung verschwindet), die anderen verlassen den Raum und gehen woanders hin (Situation aus dem Wege gehen – weit genug von der Ablenkung entfernt), und manche empfinden das nicht mehr als Störung, da die Einstellung von „ständig muss der einen zutexten“ hin zu „lass ihn doch erzählen“ geändert wurde (Situation wird anders bewertet – Ablenkung wird nicht mehr als störend empfunden). Jeder muss für sich selbst auf Grund der unterschiedlichen Gegebenheiten herausfinden, welches Verfahren angebracht ist. Wichtig ist, überhaupt etwas zu tun, damit sich der störende Zustand verändert.

13

Lerntraining

(Fallstudie: Rechenkunststück)

Lernmotivation

Stellen Sie sich einmal vor, Sie könnten zu jedem Datum blitzschnell den dazugehörigen Wochentag errechnen. Die dazugehörige Anleitung für dieses Rechenkunststück wird nachfolgend beschrieben. Würden Sie ausreichend motiviert sein, sich mit dem Lernstoff auseinander zu setzen und dieses Kunststück zu trainieren?

Was könnten Sie tun, um Ihre Motivation aufzubauen und zu verstärken? Folgende Antworten wurden in den Seminaren am häufigsten gegeben:

- Ich müsste das erst einmal vorgeführt sehen. Vielleicht begeistert mich diese Demonstration, und ich bekomme Lust, das auch zu lernen.
- Ich würde mich damit beschäftigen, wenn ich anschließend mit diesem Kunststück Geld verdienen kann.
- Ich würde das Erlernen als ein persönliches Erfolgserlebnis sehen, da ich normalerweise kein guter Kopfrechner bin.
- Ich würde mir Situationen ausdenken, in denen dieser Rechenvorgang zu gebrauchen ist, da ich nur die Dinge gern lerne, mit denen ich etwas anfangen kann.

Was wäre Ihre Antwort? Im Seminar demonstriere ich anschließend dieses Kunststück und bitte, mir Daten aus der Vergangenheit zuzurufen, von denen die Seminarteilnehmer noch wissen, was das für ein Wochentag war. Innerhalb von wenigen Sekunden nenne ich dann den Wochentag. Wenn mir beispielsweise der 30.1.1947 als Datum zugerufen wird, dann errechne ich dazu eine Zahl, die mir sagt, dass dieses Datum ein Donnerstag war. Viele Seminarteilnehmer wissen, an welchem Tag sie geboren sind. Vielen ist bekannt, an welchem Tag die Kinder geboren wurden oder an welchem Tag sie geheiratet haben. Es ist auch verblüffend in Gesprächen, bei denen es um Terminplanung geht, bevor jemand seinen Kalender aufgeschlagen hat, blitzschnell zu sagen, um welchen Wochentag es sich handelt. Sollten Sie meinem Rat folgen, Gedächtniskunststücke vorzuführen, dann haben Sie mit diesem Rechenkunststück eine gute Ergänzung Ihrer Vorführung.

Nun haben Sie einiges darüber erfahren, wie Sie dieses Rechenkunststück anwenden können. Bei den meisten Seminarteilnehmern stieg daraufhin die Motivation an, das Lerntraining durchzuführen. Vor dem eigentlichen Lernen sollte immer nach den Lernmotiven gesucht werden. Je besser man sich selbst vorstellen kann, wie man den Lernstoff zur Anwendung bringt und welche eigenen Erfolgserlebnisse sich damit verbinden, desto stärker ist die Lernmotivation.

Lernstoff aufnehmen

Nicht jeder Lernstoff wird lernwirksam vermittelt. Beim Lesen hat der Lernende gegenüber dem Lernweg des Zuhörens den Vorteil, das Lerntempo selbst bestimmen zu können. Dadurch kann der Lernstoff der eigenen Lerngeschwindigkeit angepasst werden. Den Rechenvorgang für das Rechenkunststück habe ich Ihnen anschließend beschrieben, ohne auf eine lernwirksame Vermittlung zu achten. So haben Sie die Möglichkeit, zu trainieren, mit dem Lernstoff richtig umzugehen. Sie werden beim Lesen wahrscheinlich wahrnehmen, dass Sie sich die ganzen Informationen nicht so ohne weiteres merken können, und alles als sehr kompliziert empfinden. Ein typischer Effekt, der auftritt, wenn man versucht, zu schnell voranzuschreiten, ohne kontrolliert zu haben, ob man das Gelesene auch wirklich verstanden hat.

Versuchen Sie, die nachfolgende Erklärung des Rechenkunststücks mit den bisher erlernten Verstehens- und Behaltenstechniken lernwirksam aufzubereiten:

Der Kalendertrick

Den einzelnen Monaten werden Kennzahlen zugeordnet. Diese Kennzahlen müssen im Gedächtnis abgespeichert werden. Januar hat die Kennzahl 6, Februar die Kennzahl 2, März die Kennzahl 2, April die Kennzahl 5, Mai die Kennzahl 0, Juni die Kennzahl 3, Juli die Kennzahl 5, August die Kennzahl 1, September die Kennzahl 4, Oktober die Kennzahl 6, November die Kennzahl 2 und Dezember die Kennzahl 4. Die Jahreskennzahl wird dadurch errechnet, indem man die beiden letzten Ziffern immer durch 12 dividiert. Aus 1993 wird so beispielsweise 93. Diese Zahl wird durch 12 geteilt und ergibt 7 mit einem Rest von

von 9. Als Nächstes wird der Rest immer durch 4 dividiert. Die Beispielsrechnung hat einen Rest von 9 ergeben, geteilt durch 4 ergibt 2 mit einem Rest von 1, der aber keine Bedeutung hat. Diese sich ergebenden Zahlen werden miteinander addiert. Also 7 plus 9 plus 2 ergibt 18. Für Jahre, die mit Neunzehnhundert ... beginnen, muss zusätzlich 1 dazugerechnet werden. Der Rechenvorgang für beispielsweise den 11.12.1993 ergibt sich wie folgt: 11 plus der Kennzahl für 12, also 4, ergibt 15 plus der Jahreszahl für 1993, die schon errechnet wurde, also plus 18, ergibt insgesamt 33. Das Gesamtergebnis wird dann immer durch 7 dividiert, in diesem Fall ergibt 33 geteilt durch 7 das Ergebnis von 4 mit einem Rest von 5. Zu diesem Rest wird noch die 1 für Neunzehnhundert ... dazuaddiert und damit ergibt sich das Endergebnis von 6. Der sechste Tag in der Woche ist der Samstag, wenn man mit dem Montag als ersten Tag in der Woche beginnt. Es gibt noch eine Zusatzrechnung für Schaltjahre, daran zu erkennen, dass die beiden letzten Ziffern ohne Rest durch 4 dividiert werden können. Wenn es sich um ein Januar- oder Februar-Datum in einem Schaltjahr handelt, dann muss 1 rückwärts gerechnet werden. 1900 war kein Schaltjahr, 2000 war ein Schaltjahr. Abschließend noch eine Beispielsrechnung mit einem Schaltjahr: Was war der 4.1.1980 für ein Wochentag? 4 plus der Kennzahl für Januar, also der 6, ergibt 10. Die beiden letzten Ziffern der Jahreszahl geteilt durch 12 ergibt 6 mit einem Rest von 8. Der Rest wird durch 4 geteilt, was 2 ergibt mit einem Rest von 0, der aber nie eine Bedeutung hat. Diese drei Ziffern werden addiert, also 6 plus 8 plus 2, ergibt insgesamt 16. Als erste Zahl hatten wir die 10 errechnet plus der 16 ergibt 26. Das Ergebnis wird durch 7 geteilt, was 3 mit einem Rest von 5 ergibt. Für Neunzehnhundert... wird 1 dazuaddiert und für das Schaltjahr 1 abgezogen. Bleibt also die Zahl 5, und der fünfte Tag in der Woche ist der Freitag.

An diesem Beispiel ist sicher klar zu erkennen, dass ohne Anwendung von Verstehens- und Behaltenstechniken dieser Text verwirrend wirkt. Gleichzeitig ergibt sich das Gefühl, von „viel zu schwierig“ und meistens auch die Einstellung: „Das werde ich nie lernen.“ Lernstoff, der nicht lernwirksam vermittelt wird, muss also erst lernwirksam aufbereitet werden. Durch die Aufteilung des Lernstoffs in kleine Einzelteile wird das Verstehen gefördert. Und die Aufbereitung des Lernstoffs durch Strukturskizzen, Zeichnungen, Tabellen etc. hilft nicht nur dem Verstehen, sondern gleichermaßen auch dem Behalten.

Anschaulich skizzieren

Nur geschriebener Text hintereinander hat nicht den Lerneffekt wie aufbereiteter Text auf einem Extra-Blatt. Folgende Darstellungen können helfen, das Rechenkunststück anschaulicher darzustellen und das Verstehen zu verbessern:

- **Monatskennzahlen:**

Januar	–	1	=	6
Februar	–	2	=	2
März	–	3	=	2
April	–	4	=	5
Mai	–	5	=	0
Juni	–	6	=	3
Juli	–	7	=	5
August	–	8	=	1
September	–	9	=	4
Oktober	–	10	=	6
November	–	11	=	2
Dezember	–	12	=	4

- **Tag mit Kennzahl addieren:**

11.12.	=	11	+	4	=	15
04.01.	=	4	+	6	=	10

- **Jahreszahlberechnung:**

1993	93 : 12	=	7
	Rest	=	9
	Rest : 4	=	2
	Ergebnis	=	18
1980	80 : 12	=	6
	Rest	=	8
	Rest : 4	=	2
	Ergebnis	=	16

- **Endergebniskürzung:**

11.12.1993	–	15	+	18	=	33
		33	:	7	=	4
		Rest			=	5
04.01.1980	–	10	+	16	=	26
		26	:	7	=	3
		Rest			=	5

- **Korrekturen:**
  Für Neunzehnhundert (Rest plus eins)

11.12.1993	–	5	+	1	=	6
04.01.1980	–	5	+	1	=	6

  Für Januar- oder Februar-Datum in einem Schaltjahr (Rest minus eins)

04.01.1980	6	–	1	=	5

Wochentagszuordnung:

1	=	Montag
2	=	Dienstag
3	=	Mittwoch
4	=	Donnerstag
5	=	Freitag
6	=	Samstag
0	=	Sonntag

Diese Beispiele sollen verdeutlichen, wie wichtig es ist, beim Lernen für Klarheit zu sorgen und sich die vermittelten Informationen anschaulich darzustellen.

Lernziele festlegen

Das Verstehen einer Information bedeutet nicht automatisch, das Endziel erreicht zu haben. Wenn Sie vorhaben, dieses Gedächtniskunststück ohne Hilfsmittel vorzuführen, dann ist dafür noch einiges zu tun. In der Praxis hat sich bewährt, das Endziel so zu formulieren, dass man auch erkennen kann, wann es erreicht ist. Die Formulierung „Ich kann zu jedem Datum den Wochentag berechnen“ ist als Endziel nicht ausreichend gut geeignet, da nichts über die Schnelligkeit und die Benutzung von Hilfsmitteln ausgesagt ist. Die Formulierung „Ich bin in der Lage, ein zugerufenes oder gelesenes Datum ab dem 1.1.1900 bis zum 31.12.2099 innerhalb von durchschnittlich fünf Sekunden ohne Hilfsmittel so zu berechnen, dass ich als Ergebnis den dazugehörigen Wochentag weiß“ ist eine konkretere Formulierung.

Bewährt hat sich auch ein Endziel in verschiedene Etappen, also in Teilziele, zu zergliedern. Das Lernen in „kleinen Häppchen“ macht mehr Freude und bringt schnellere Erfolgserlebnisse. Zusätzlich besteht die Möglichkeit, sich selbst dafür zu belohnen, wenn man ein Teilziel erreicht hat.

Versuchen Sie bitte das konkret formulierte Endziel in Teilziele zu gliedern und zu ordnen. So könnte das Ergebnis aussehen:

1. Ich bin in der Lage, alle Kennzahlen zu den einzelnen Monaten aus dem Gedächtnis abzurufen.
2. Ich kann zu jedem Datum unter Zuhilfenahme von Papier und Stift den richtigen Wochentag errechnen.
3. Ich bin in der Lage, ohne Hilfsmittel das Monatsdatum mit der Kennzahl zu addieren und mir das Ergebnis zu merken.
4. Ich kann die Jahreszahl ohne Hilfsmittel errechnen und mir das Ergebnis merken.

5. Ich bin in der Lage, ohne Hilfsmittel das Endergebnis zu errechnen und zu kürzen.
6. Ich kann das Endergebnis korrigieren und den richtigen Wochentag nennen.

Wichtig bei der Formulierung von Lernzielen ist es, diese so zu formulieren, dass klar ist, wann das Ziel erreicht ist. Als Belohnung für das Erreichen eines Teilziels genügt es, eine kleine Pause zu machen und sich selbst darüber zu freuen, dieses Ziel erreicht zu haben. Ist das Endziel erreicht, sollte die Belohnung etwas größer sein. Die beste Belohnung ist dann die Anwendung und zu erleben, wie mit diesem Rechenkunststück Verblüffung erzielt wird.

Merkhilfen nutzen

Beim Lernen müssen immer wieder Informationen dem Gedächtnis eingeprägt werden. Dafür haben Sie in diesem Buch schon viele Anregungen bekommen, sodass es Ihnen nicht schwer fallen dürfte, sich die Kennzahlen zu den Monaten einzuprägen. Wie könnte das behaltenswirksam geschehen?

Denken Sie sich jeweils eine Eselsbrücke vom Monat zur Kennzahl aus. Nachfolgend einige Anregungen:

Kennzahlen auswendig lernen

Januar – 1 = 6
Die Schulnote 1 ist sicher besser als die Schulnote 6.

Februar – 2 = 2
Auf einem Zweirad (Motorrad) sollten nicht mehr als zwei Personen sitzen.

März – 3 = 2
Auf einem Dreirad (Trike) sollten nicht mehr als zwei Personen sitzen.

April – 4 = 5
Wenn sich vier Personen treffen, dann möchten manche Menschen nicht das „fünfte Rad am Wagen" sein.

Mai – 5 = 0
Das fünfte Rad am Wagen hat die Form einer Null.

Juni – 6 = 3
Sechs Richtige im Lotto sind besser als drei Richtige.

Juli – 7 = 5
Von sieben Tagen in der Woche muss man meistens fünf Tage arbeiten.

August – 8 = 1
Achterbahn fahren manche Menschen nur einmal in ihrem Leben.

September – 9 = 4
Die Zahl 9 als Neun geschrieben hat vier Buchstaben.

Oktober – 10 = 6
Aus der 10 wird durch Weglassen der Null eine 1, die zur Merkhilfe führt, dass die Schulnote 1 sicher besser ist als die Schulnote 6.

November – 11 = 2
Die Quersumme von 11 ist 2. Oder die 11 besteht aus zwei gleichen Zahlen.

Dezember – 12 = 4
Die zwölf Monate beinhalten die vier Jahreszeiten.

Merkhilfen sollen dazu führen, sich die Informationen behaltenswirksamer einzuprägen, um so die vielen Wiederholungen zu vermeiden. Das Einpauken durch Wiederholung bringt weniger Lernfreude als die Benutzung von Merkhilfen.

Lernzielkontrolle

Die Lernzielkontrolle soll Aufschluss darüber geben, ob ein Lernziel erreicht wurde. Führt das Gelernte auch wirklich zum richtigen Ergebnis? Durch die Lernzielkontrolle wird auch erreicht, rechtzeitig zu bemerken, ob man sich möglicherweise etwas falsch angeeignet hat, und hat so nochmals die Möglichkeit, zu korrigieren.

Zwei Teilziele sollten inzwischen erreicht sein. Sie sollten in der Lage sein, blitzschnell zu wissen, welcher Monat welche Kennzahl hat, und unter Zuhilfenahme von Papier und Stift die Wochentage richtig berechnen zu können.

Versuchen Sie Ihre Lernzielkontrolle bitte an folgenden Daten:

- **25.08.2001**
  25 + 1 = 26
  01 : 12 = 0 Rest 1 : 4 = 0 ergibt addiert 0 + 1 + 0 = 1
  26 + 1 = 27 : 7 = 3 Rest 6
  Der 6. Tag ist der Samstag.

- **11.10.1989**
  11 + 6 = 17
  89 : 12 = 7 Rest 5 : 4 = 1 ergibt addiert 7 + 5 + 1 = 13
  17 + 13 = 30 : 7 = 4 Rest 2
  Korrektur +1 für Neunzehnhundert... 2 +1 = 3
  Der 3. Tag ist der Mittwoch.

- **20.01.2000**
  20 + 6 = 26
  00 : 12 = 0 Rest 0 : 4 = 0 ergibt addiert 0 + 0 + 0 = 0
  26 + 0 = 26 : 7 = 3 Rest 5

Korrektur –1 für Januar-Datum im Schaltjahr 5 – 1 = 4
Der 4. Tag ist der Donnerstag

Sie könnten nun durch weitere Berechnungen von Daten, die nötige Sicherheit erwerben, den Rechenvorgang richtig ausführen zu können. Behalten Sie bitte bei, die weiteren Lernziele auf richtige Ergebnisse zu überprüfen.

Anwenden

Die wichtigen Erfahrungen werden durch Ausprobieren gemacht. Dadurch, dass das Lernziel klar formuliert ist, wissen Sie, wohin Sie sich bewegen müssen. Dabei werden Sie eigene Wege finden, die Rechenoperationen im Kopf zu bewältigen. Folgende Vorgehensweisen können besonders hilfreich sein:

Zusätzliche Tipps

- Die erste Rechenoperation kann gekürzt werden, um sich das Ergebnis mit den Fingern der Hand merken zu können. Wenn Sie beispielsweise für den 17.11. das Ergebnis 19 errechnet haben, dann können Sie dieses als Erstes errechnete Ergebnis um die 7 oder das Mehrfache von 7, also 14 oder 21 oder 28 oder 35, kürzen. In diesem Fall, also 19 – 14 = 5, was zum gleichen Ergebnis führt wie die Rechenoperation 19 : 7 = 2 Rest 5. Als Ergebnis kann sich so immer nur eine Zahl von 0 – 6 ergeben, was sich mit den Fingern der Hand merken lässt. Die Null und die Sechs kann man sich mit einer geschlossenen Faust merken, für die Null der Daumen außerhalb und für die Sechs der Daumen eingeschlossen.
- Bei einem Schaltjahr und einem Januar- oder Februar-Datum, das mit Neunzehnhundert... beginnt, muss man nicht korrigieren, da sich als Ergebnis immer Null ergibt (Korrektur –1 und Neunzehnhundert +1). So lassen sich diese Daten schneller rechnen.
- Beim Errechnen der Jahreszahl ist es von Vorteil, vor dem geistigen Auge drei leere Kästchen zu sehen, die untereinander stehen und in die man das Ergebnis geistig hineinschreibt. Mit ein wenig Training können die drei Ziffern blitzschnell addiert werden.

Sicher werden Sie noch weitere Erfahrungen machen, wenn Sie dieses Training öfter durchführen. Die Seminarteilnehmer halten dieses Training für ein sehr gutes Konzentrationstraining. Kopfrechnen kann generell ein gutes Training sein, die Konzentration zu verbessern, und kann als geistiges Fitnesstraining betrachtet werden.

Erfahrungen durch Beispiele und durch eigenes Ausprobieren sind eine außerordentlich wichtige Hilfe beim Lernen. Training verbessert die Sicherheit und Schnelligkeit in der Anwendung der neu erlernten Vorgehensweisen.

Zusammenfassung

Dieses Lerntraining war als Beispiel gedacht, mit Lernstoff richtig umzugehen. Hilfreich beim Erlernen der Kalenderberechnung war für die Seminarteilnehmer die Möglichkeit, in der Gruppe miteinander zu arbeiten und sich gegenseitig bei Missverständnissen zu helfen. Auch das gegenseitige Abfragen brachte Erfolgserlebnisse und steigerte die Lernfreude.

Ich konnte bei diesem Lerntraining auch oft beobachten, dass einige Seminarteilnehmer mit einer Einstellung von „Das schaffe ich nie“ an die Aufgabe herangingen, aber dann nach der Strukturierung und Visualisierung und dem Aufteilen in kleine „Lernhäppchen“ ein positiveres Gefühl entstand. Ungeduldige Seminarteilnehmer, die zu schnell vorangingen, hatten beim Erlernen des Rechenkunststücks oft Probleme. Sie ordneten den Lernstoff falsch in ihr Gedächtnis ein und verwechselten die Rechenoperationen. Durch dieses Erlebnis wurde anschließend aber die Wichtigkeit deutlich, schrittweise vorzugehen und kleine Lernpausen einzulegen.

Nicht bei allen Lerninhalten lässt sich diese komplette Vorgehensweise wie bei diesem Kalenderkunststück übernehmen, aber ich hoffe, dass Sie genügend Anregungen bekommen haben, die Sie auf Ihre Lernprozesse übertragen können.

14

Gedächtnismeisterschaften, Köpfchenrekorde

Es gibt inzwischen Deutsche Meisterschaften und Weltmeisterschaften, bei denen Sie sich mit anderen Gedächtnissportlern messen können. Sie finden im Internet dazu weitere Hinweise, wenn Sie in einer Suchmaschine das Wort „Gedächtnismeisterschaften“ eingeben. Bei diesen Meisterschaften gibt es verschiedene Disziplinen, in denen Sie sich mit anderen Gedächtnissportlern messen können. Das Behalten von Binärziffern (1 oder 0) in richtiger Reihenfolge und das Behalten von Spielkarten in richtiger Reihenfolge sind Disziplinen, die unter anderem im Wettbewerb gefordert werden. Mit dem Binärziffernsystem lassen sich auch noch andere Effekte für Köpfchenrekorde oder Vorführungen verwirklichen.

Binärziffernsystem

Ich empfehle Ihnen, jeweils die Folge von drei Binärziffern zu einer einstelligen Zahl umzuwandeln. Somit lassen sich unter Anwendung der Zahlenwortmethode sechs Binärziffern in richtiger Reihenfolge in nur eine bildhafte Vorstellung umsetzen. Insgesamt gibt es für drei Binärziffern acht verschiedene Möglichkeiten der Anordnung: 000 – 111 – 001 – 100 – 010 – 101 – 011 – 110. Wie würden Sie diesen acht verschiedenen Anordnungen die Ziffern von 1 – 8 zuordnen? Jede Antwort ist richtig. Es kommt nur darauf an, sich diese Zuordnung gut merken zu können, wobei Eselsbrücken den Merkprozess vereinfachen. Meine Zuordnung mit Eselsbrücken ist wie folgt aufgebaut:

Binärziffern umwandeln

000 = 8
Aus Nullen lässt sich eine Acht bilden.

111 = 1
In dieser Folge kommt nur die Eins vor.

001 = 2
Zwei mal die Null am Anfang.

100 = 7
100 Jahre alt werden, wenn man sieben Tage in der Woche gesundheitsbewusst lebt.

010 – 3
Die beiden Nullen links und rechts stelle ich mir als Brillengläser vor. In der Mitte ist der Brillensteg. Drei Brillen braucht man: Brille für Kurzsichtige, Brille für Weitsichtige und eine Sonnenbrille.

101 – 4
Die Null in der Mitte sehe ich als Monokel, das rund ist und nicht viereckig.

011 – 6
Die einzige richtige Zuordnung nach dem Binärsystem (0 + 2 + 4 = 6).

110 – 5
Die Notrufnummer 110 mit den fünf Fingern wählen.

Wenn Sie sich nun beispielsweise die Folge 010110 merken wollen, dann ergibt sich für die 010 die Ziffer 3 und für die 110 die Ziffer 5, zusammengesetzt also 35. Im Zahlenwortsystem ist 35 die bildhafte Vorstellung von Mehl oder Müll. Somit haben Sie die Folge dieser sechs Binärziffern in ein Bild aus dem Zahlenwortsystem umgewandelt. Wenn Sie beispielsweise 600 Binärziffern in der richtigen Reihenfolge behalten möchten, dann reicht die Umsetzung der Binärziffern in das Zahlenwortsystem alleine nicht, denn die Bilder müssen noch mit Auslösern verknüpft werden, und bei 600 Binärziffern benötigen Sie 100 Speicherplätze, die Sie zuvor entwickeln und lernen müssten. Sie können aber auch große Verblüffung im kleinen Kreis erzielen, wenn Sie die nachfolgend beschriebene Gedächtnisdemonstration auf der Grundlage des Binärziffernsystems vorführen.

Münzenwunder

Für diese Demonstration benötigen Sie 36 gleiche Münzen. Geben Sie diese Münzen einem Zuschauer in die Hände und bitten Sie ihn, diese ordentlich durchzuschütteln und in sechs Reihen mit jeweils sechs Münzen hinzulegen. Lassen Sie ihn Münzen vertauschen und umdrehen. Rein zufällig liegt nun entweder Zahl (Z) oben oder Wappen (W). Kündigen Sie nun an, dass Sie versuchen werden, sich zu merken, ob Zahl oder Wappen oben liegt. Nehmen wir einmal an, die Münzen liegen wie folgt (Zahl ist gleichzusetzen mit der 1 und Wappen mit der 0):

W – Z – Z – Z – W – W	0 – 1 – 1 – 1 – 0 – 0
Z – Z – W – W – Z – W	1 – 1 – 0 – 0 – 1 – 0
Z – Z – Z – Z – W – Z	1 – 1 – 1 – 1 – 0 – 1
W – Z – W – W – Z – W	0 – 1 – 0 – 0 – 1 – 0
Z – W – W – W – W – Z	1 – 0 – 0 – 0 – 0 – 1
Z – W – Z – W – W – W	1 – 0 – 1 – 0 – 0 – 0

Wenn Sie in die erste Reihe schauen, dann wissen Sie das 011 zur Ziffer 6 führt und 100 zur Ziffer 7. Zusammengesetzt also 67. Wenn Sie das Zahlenwortsystem gelernt haben, dann wissen Sie, dass es sich beispielsweise um die bildhafte Vorstellung von einem Scheck handelt. Diese bildhafte Vorstellung verknüpfen Sie nun mit einem Auslöser. Dabei können Sie auf Auslöser zurückgreifen, die Sie in dem Raum sehen, in dem Sie das Experiment mit den Münzen zeigen. Nehmen wir an, Sie befinden sich in einem Lokal und zu sehen sind von links nach rechts: Bierdeckel – Glas – Aschenbecher – Stuhl – Jacke – Getränkekarte. Diese Auslöser reichen aus, um alle Gegenstände richtig zuzuordnen. Als erste Assoziation schieben Sie einen Scheck (67) unter den Bierdeckel. Das Lama (53) trinkt aus dem Glas, den Aschenbecher werfen Sie in das Tor (14), auf dem Stuhl sitzt eine Mumie (33), die Jacke begießen Sie mit einer Kanne (72) und die Getränkekarte befestigen Sie an einem Riff (48).

Nun drehen Sie sich um und geben die Lage der Münzen in der richtigen Reihenfolge wieder. Bei dieser Vorführung werden die Zuschauer glauben, dass Sie über ein fotografisches Gedächtnis verfügen. Wie bei allen Gedächtnisdemonstrationen gilt auch hier, dass die Verblüffung der Zuschauer größer ist und erhalten bleibt, wenn Sie das Geheimnis, wie Sie das gemacht haben, nicht preisgeben.

Spielkartengedächtnis

Ich habe ein System entwickelt, das Sie relativ leicht und schnell erlernen können. Jeder Spielkarte wird ein Gegenstand zugeordnet. Im Prinzip ist es egal, was für ein Gegenstand das ist, aber die Zuordnung von Gegenständen und der Lernprozess fallen leichter, wenn ein System dahinter steckt.

Allen Karokarten habe ich die Gegenstände aus der Schubkastenmethode von 1–20 zugeordnet. Alle anderen Karten stehen im Zusammenhang mit den Karokarten. Die Herzkarten drücken dabei Freude aus. Die Pikkarten deuten auf etwas Spitzes hin, und die Kreuzkarten sollen auf etwas Verkreuztes, Verbundenes oder Vertauschtes hinweisen, oder das Kreuz hat eine bestimmte Bedeutung.

Wenn Sie bei der Schubkastenmethode von 1–20 teilweise andere Gegenstände zugeordnet haben, dann ist es notwendig, an den entsprechenden Stellen die Zuordnung zu den Kartenwerten zu verändern, indem Sie Ihren gelernten Gegenstand einsetzen.

Spielkarten in Bilder verwandeln

Thema: Formel 1

Karo Ass – Rennwagen

Das As steht für die 1. Der Rennwagen wird aus der Schubkastenmethode von 1–20 übernommen und zugeordnet.

Herz Ass – Siegerpodest

Der Rennfahrer freut sich, auf dem Siegerpodest stehen zu können.

Pik Ass – Nagel

Ein spitzer Nagel auf der Rennstrecke ist sicher nicht wünschenswert.

Kreuz Ass – Kreuzschlüssel
Am Rennwagen wird mit einem Werkzeug, dem Kreuzschlüssel, gearbeitet.

Thema: Kleine Kinder

Karo 2 – Zwillinge
Schubkastenmethode von 1–20.
Herz 2 – Nuckel
Die Zwillinge freuen sich über einen neuen Nuckel.
Pik 2 – Schaufel
Eine vorne spitz zugehende Schaufel ist sicher nicht das richtige Spielzeug für die Zwillinge.
Kreuz 2 – Klettergerüst
Ein mit vielen Streben verbundenes Klettergerüst.

Thema: Rad

Karo 3 – Dreirad
Schubkastenmethode von 1–20.
Herz 3 – Reifen
Welche Freude, das Dreirad hat endlich neue Reifen.
Pik 3 – Luftpumpe
Eine vorne spitz zugehende Luftpumpe, an der man sich verletzen kann.
Kreuz 3 – Fahrrad
Ein Fahrrad mit Stützrädern ist eine Art Kreuzung zwischen Dreirad und Fahrrad.

Thema: Glück

Karo 4 – Kleeblatt
Schubkastenmethode von 1–20.
Herz 4 – Geldsäckchen
Mit Freude wird erkannt: Das Glückskleeblatt bringt den erhofften Geldsegen.

Pik 4 – Schornstein
Das Kleeblatt führt dazu, dass „der Schornstein raucht". Es handelt sich um einen oben spitz zugehenden Schornstein.
Kreuz 4 – Geldscheine
Es ist schon ein Kreuz, die ganzen Münzen aus dem Geldsäckchen mit sich herumzutragen, und deshalb werden diese in Geldscheine umgetauscht.

Thema: Hand

Karo 5 – Hand
Schubkastenmethode von 1–20.
Herz 5 – Handschuhe
Bei Kälte freut man sich über Handschuhe.
Pik 5 – Pinzette
Einen Splitter in der Hand bekommt man mit einer spitzen Pinzette wieder heraus.
Kreuz 5 – Ring
Ein verkreuzter Ring auf dem Finger.

Thema: Spiele

Karo 6 – Spielwürfel
Schubkastenmethode von 1–20.
Herz 6 – Spielfigur
Man freut sich, endlich die Spielfiguren zu einem Würfelspiel gefunden zu haben.
Pik 6 – Wurfpfeil
Mit einem spitzen Wurfpfeil auf die Zielscheibe werfen.
Kreuz 6 – Lottoschein
Auf dem Lottoschein werden sechs Kreuze gemacht.

Thema: Die Sieben

Karo 7 – Zwerge
Schubkastenmethode von 1–20.
Herz 7 – Schneewittchen
Die sieben Zwerge freuen sich auf Schneewittchen.
Pik 7 – Siebengebirge
Das Siebengebirge hat spitze Berge.
Kreuz 7 – Kalender
Im Kalender wird in der Wochenübersicht ein bestimmter Tag angekreuzt.

Thema: Kirmes

Karo 8 – Achterbahn
Schubkastenmethode von 1–20.
Herz 8 – Schokoladenherz
Wir freuen uns über die Sonderaktion an der Achterbahn, an der jeder Fahrgast ein Schokoladenherz bekommt.
Pik 8 – Gewehr
Das war Spitze, beim Fotoschießen sofort zu treffen.
Kreuz 8 – Kettenkarussell
Hier ist alles sorgfältig miteinander verbunden und verkettet.

Thema: Kegelbahn

Karo 9 – Kegelbahn
Schubkastenmethode von 1–20.
Herz 9 – Pokal
Beim Kegelturnier freut sich der Sieger über den Pokal.
Pik 9 – Kreide
Mit spitzer Kreide werden die Ergebnisse notiert.
Kreuz 9 – Tafel
Auf der Tafel wurde der Sieger angekreuzt.

Thema: Schwimmbad

Karo 10 – Sprungbrett
Schubkastenmethode von 1–20.
Herz 10 – Schwimmbecken
Mit Freude wird wahrgenommen, dass sich das Schwimmbecken inzwischen mit Wasser gefüllt hat.
Pik 10 – Badehose
Da piekt noch der Rest vom Preisschild, das nicht richtig entfernt wurde.
Kreuz 10 – Luftmatratze
Es ist jedes Mal ein Kreuz, diese Luftmatratze aufzupumpen.

Thema: Fußball

Karo Bube – Fußball
Schubkastenmethode von 1–20.
Herz Bube – Torwart
Welche Freude, wenn der Torwart einen Elfmeter hält.
Pik Bube – Trillerpfeife
Eine spitz zugehende Trillerpfeife des Schiedsrichters.
Kreuz Bube – Rote Karte
Für diesen Kreuzscherensprung in den Gegner hinein gibt es die rote Karte.

Thema: Uhren

Karo Dame – Standuhr
Schubkastenmethode von 1–20.
Herz Dame – Armbanduhr
Die Freundin oder Ehefrau als Herz-Dame freut sich über das Geschenk einer Armbanduhr.
Pik Dame – Kugelschreiberuhr
Ein Kugelschreiber mit eingebauter Uhr, der vorne spitz zugeht.

Kreuz Dame – Stoppuhr
Das ist ein Kreuz mit dieser Dame, die eine Trainerin für sportliche Höchstleistungen ist, und ständig mit ihrer Stoppuhr die Sportler nervt.

Thema: Mittelalter

Karo König – Katze
Schubkastenmethode von 1–20.
Der König besitzt eine Katze mit Karos im Fell.
Herz König – Krone
Der König freut sich über seine neue Krone.
Pik König – Lanze
Der König besitzt eine vorne spitz zugehende Lanze.
Kreuz König – Ritterrüstung
Der König war früher ein Kreuzritter und hatte eine Ritterrüstung.

Um zu erreichen, den richtigen Gegenstand zu jeder Karte schnell und sicher abrufen zu können, ist es wichtig, sich ein 52-Blatt-Kartenspiel zu besorgen und damit zu trainieren. Sehen Sie das Training als geistiges Fitnesstraining. Wenn Sie blitzschnell abrufen können, welche Karte welcher Gegenstand ist, dann können Sie beginnen, ein Kartenspiel zu memorieren, dabei werden die Karten mit 52 Speicherplätzen, die Sie gleichfalls blitzschnell abrufen können, assoziiert.

Ich benutze dafür die Zahlenwörter. Für die erste Karte wird vor dem Aufdecken der Speicherplatz abgerufen, beispielsweise für 1 der Tee. Mal angenommen, die erste Karte ist Herz 9, dann wissen Sie Herz 9 ist ein Pokal und bilden nun eine Assoziation von Tee zu Pokal. Sie sehen, wie Tee in einen Pokal geschüttet wird. Sie rufen innerlich den Speicherplatz 2 ab und sehen Noah. Wenn die nächste Karte beispielsweise Karo 10 ist, dann wissen Sie, das ist der Sprungturm, und Sie könnten sehen, wie Noah auf seiner Arche einen Sprungturm baut. So speichern Sie alle 52 Karten ab und können anschließend diese in der richtigen Reihenfolge wiedergeben.

Memory mit 24 Karten

Nehmen Sie aus einem 52-Blatt-Kartenspiel alle roten Karten bis auf die beiden Asse heraus, insgesamt sind das 24 Karten. Suchen Sie sich einen Spielpartner und spielen Sie mit ihm Memory. Die Karten werden gemischt und in vier Reihen mit jeweils sechs Karten verdeckt hingelegt. Jeder Spielpartner deckt immer zwei Karten auf. Passen die Karten zusammen, beispielsweise zwei Mal die rote Vier, dann bleiben die Karten aufgedeckt an der Stelle liegen, und derjenige, der das passende Paar aufgedeckt hat, bekommt einen Punkt und darf weitermachen, bis er zwei Karten aufdeckt, die nicht zusammenpassen. Diese Karten, die kein passendes Paar ergeben, werden dann wieder umgedreht, und der andere Spieler ist an der Reihe. Derjenige Spieler, der die meisten Paare aufgedeckt hat, ist der Gewinner.

Bei diesem Spiel sind Sie im Vorteil, weil Sie sich gut merken können, an welcher Stelle welche Karten aufgedeckt wurden. Zu diesem Zweck werden die Karten mit den Zahlenwörtern assoziiert. Der Platz einer Karte wird wie folgt ermittelt: Reihe multipliziert mit 10 plus die Stelle, an der die Karte liegt. Mal angenommen, eine Karte wird aufgedeckt, die in der Reihe 5 an dritter Stelle liegt, dann benutzen Sie als Speicherplatz das Zahlenwort für die Zahl 53 – das Lama. Wenn beispielsweise die aufgedeckte Karte eine Karo 7 ist, dann sehen Sie vor dem geistigen Auge, wie sich die sieben Zwerge auf ein Lama setzen.

Folgende Empfehlungen haben sich bewährt:

Zusätzliche Tipps

- Auslöser ist immer die aufgedeckte Karte. Als Erstes wird überprüft, ob man schon eine Assoziation mit der dazugehörigen anderen roten Karte gebildet hat. Ist das der Fall, dann weiß man, an welcher Stelle diese Karte liegt, und deckt diese auf.
- Wurde mit der dazugehörigen Karte noch keine Assoziation gebildet, dann wird jetzt mit der aufgedeckten Karte eine bildhafte Verbindung aufgebaut.
- Beim Aufdecken neuer Karten ist es zu empfehlen, immer der Reihe nach, in der ersten Reihe beginnend, die Karten aufzudecken. So weiß man besser, welche Karten schon einmal aufgedeckt wurden.

Memory eignet sich gut als Konzentrationstraining. Statt der Spielkarten lassen sich natürlich auch die Original-Memory-Karten verwenden, bei denen immer zwei Karten mit gleichen Gegenständen bedruckt sind. Wie auch bei allen anderen Köpfchendemonstrationen kann man durch entsprechendes Training die Geschwindigkeit des Assoziierens und die Sicherheit des Einprägens stark verbessern.

15
Nachwort

Sie kennen nun die wichtigsten Techniken, sich etwas behaltenswirksam einzuprägen, und Sie wissen, worauf es beim Lernen ankommt. Mit der Mnemotechnik sind Sie in der Lage, außergewöhnliche Gedächtnisleistungen zu vollbringen, und mit Gedächtniskunststücken können Sie andere Menschen auf angenehme Art und Weise verblüffen.

Wie beim Erlernen des Zehn-Finger-Systems, das hilft, schnell und sicher auf einer Tastatur zu schreiben, so ist es auch mit dem Erlernen der in diesem Buch beschriebenen Techniken. Am Anfang muss man Zeit investieren, die sich später aber bezahlt macht.

Ich wünsche Ihnen bei der Anwendung aller Techniken viel Erfolg, ein gut funktionierendes Gedächtnis und viel Spaß beim Aufbau der mnemotechnischen Bilder. Weitere Informationen und Übungen finden Sie auf meiner Internetseite:

www.gedaechtnis.de

Stichwortverzeichnis